Bescherelle

Dictées 4e

Ludivine Chataignon
Professeur certifiée de lettres modernes
Collège Marie Laurencin, Ozoir-la-Ferrière

Bienvenue dans ton cahier Dictées Bescherelle 4ᵉ

- Entraîne-toi dans l'ordre des chapitres ou choisis
ceux correspondant à des points d'orthographe que
tu veux maîtriser.
- Dans chaque chapitre, tu trouveras :
1. des exercices pour t'échauffer
2. une dictée préparée
3. une dictée non préparée
- Nous te recommandons de faire les exercices avec
un crayon à papier, car il peut arriver que tu aies besoin
d'en refaire un à l'issue d'un bilan.

Bon travail !

Conception graphique	≡	Anne Gallet
Mise en pages	≡	Sabine Beauvallet
Illustrations	≡	Éric Héliot
Suivi éditorial	≡	Laurence Péchiné-Gautré

ISBN : 978-2-218-99171-4
© Hatier, Paris, 2015.

Sommaire

Vous trouverez également...

Dans le cahier central (I à XVI)
- Les corrigés de tous les exercices
- Les textes des dictées

En fin d'ouvrage et dans les rabats de couverture
- Petit guide pour relire sa dictée
- Les verbes *avoir* et *être*
- 27 verbes modèles pour conjuguer sans fautes
- Les principaux homophones grammaticaux
- Les classes grammaticales
- Les principales fonctions

Et sur le site **www.bescherelle.com**
- Toutes les dictées sonorisées lues pas à pas
- Les scripts des dictées pour s'autocorriger

1 Comment bien écrire un verbe au présent de l'indicatif ?

La méthode

✳ Connaître les terminaisons des verbes des trois groupes

Au présent de l'indicatif, les terminaisons des verbes dépendent du groupe auquel ils appartiennent. *eR* *IR : issons* *le reste*

Verbes du 1er groupe (infinitif en -er sauf *aller*)	Verbes du 2e groupe (infinitif en -ir et 1re pers. plur. en -issons)	La plupart des verbes du 3e groupe
je chante	je remplis	je sens *ds*
tu chantes	tu remplis	tu sens *ds*
il chante	il remplit	il sent *d*
nous chantons	nous remplissons	nous sentons
vous chantez	vous remplissez	vous sentez
ils chantent	ils remplissent	ils sentent

✳ Faire attention aux modifications de radical dans certains verbes du 1er groupe

	Règle	Exemples
Verbes en -*yer* comme *essuyer*	Le *y* devient *i* devant un *e* muet. Seuls les verbes en -*ayer* peuvent s'écrire avec *i* ou *y*.	*nous essuyons* mais *j'essuie je balaie* ou *je balaye*
Verbes en e...er / é...er comme *acheter* et *céder*	Ces verbes changent le *e* ou le *é* en *è* devant un *e* muet.	*nous achetons* mais *j'achète nous cédons* mais *je cède*
Verbes *appeler* et *jeter* (et leurs composés)	Ces verbes doublent le *l* ou le *t* devant un *e* muet.	*nous appelons* mais *j'appelle nous jetons* mais *je jette*

✳ Connaître les terminaisons particulières de certains verbes du 3e groupe

Pàindre résoudre

- Les **verbes en -dre** (sauf les verbes en -*indre* et -*soudre*) se terminent en -*ds*, -*ds* et -*d* aux 3 personnes du singulier : *je descends, tu descends, il descend*.

- Les verbes *offrir, couvrir, cueillir, ouvrir, souffrir* se conjuguent **comme les verbes du 1er groupe** : *je cueille, tu cueilles, il cueille, nous cueillons, vous cueillez, ils cueillent*.

- Les verbes *pouvoir, vouloir* et *valoir* s'écrivent **avec un x aux 1re et 2e personnes du singulier** : *je veux ; tu peux.*

- Les verbes *dire* et *faire* font *vous dites, vous faites* à la **2e personne du pluriel**.

Des exercices pour s'entraîner

1 Barre l'intrus dans chaque série.

1. **(je)** mange • veux • repars • vient *(viens)* • descends
2. **(tu)** sens • comprends • sers • peux • offres
3. **(il)** confond • vaux *(vaut)* • peint • attend • court

2 Conjugue les verbes entre parenthèses au présent de l'indicatif.

1. Je (skier) *skie* bien ; mes amis, eux, (savoir) *savent* bien patiner.
2. Les randonneurs (parcourir) *parcourent* encore quelques mètres et (atteindre) *atteignent* le sommet.
3. Cette compagnie (suspendre) *suspend* ses vols en raison de la neige qui (continuer) *continue* de tomber.
4. Nous (commencer) *commençons* à préparer nos cartons. Nous (emménager) *emménageons* bientôt dans notre nouveau quartier.
5. Ils (croire) *croient* qu'ils (avoir) *ont* raison mais ils (faire) *font* erreur.

> **COUP DE POUCE** N'oublie pas que, dans les verbes en -*cer*, le *c* prend une cédille devant *o*, et que, dans les verbes en -*ger*, on ajoute un *e* après le *g* devant *o*.

3 Réécris les phrases en mettant au présent les verbes en gras.

1. Tu **allais** d'un pas rapide, tu ne **perdais** pas de temps.

   Tu vas d'un pas rapide, tu ne perds pas de temps.

2. Ils **se plaindront** quand ils **verront** le travail à faire.

   Ils plaignent quand ils voient le travail à faire

3. Tu **l'appelais** par son nom, mais elle te **donnait** un surnom.

   Tu l'appelles par son nom, mais elle te donne un surnom.

4 Mots fléchés. Conjugue chaque verbe au présent de l'indicatif et place ta réponse dans la grille. Pour t'aider, tu peux compter le nombre de cases.

1. Il (craindre) *craint* pour sa sécurité.
2. Ils (renier) leurs engagements. *renient*
3. J'(avoir) faim ! *ai*
4. Tu l'(appeler) à quelle heure ? *appelles*
5. Nous les (recevoir) tous les dimanches. *recevons*
6. Tu (être) quelqu'un d'unique. *es*
7. Elle (renouer) avec lui. *renoue*
8. Il m'(entendre), mais il ne m'écoute pas. *m'entend*
9. Au fait, tu (repartir) à quelle heure ? *repars*
10. Nous (nager) très vite. *nageons*

Grille (mots fléchés) :
- 1. CRAINT
- 2. RENIENT
- 3. AI
- 4. APPELLES
- 5. RECEVONS
- 6. ES
- 7. RENOUE
- 8. ENTEND
- 9. (vertical) REPARS
- 10. (vertical) NAGEONS

La dictée préparée

5 PREMIÈRE LECTURE **Lis attentivement le texte de la dictée.**

Un homme solitaire

Le narrateur ne supporte pas la compagnie des autres.

J'aime tant être seul que je ne puis même supporter le voisinage d'autres êtres dormant sous mon toit. Je meurs moralement, et suis aussi supplicié dans mon corps et dans mes nerfs par cette immense foule qui grouille, qui vit autour de moi, même quand elle dort. Ah ! le sommeil des autres m'est plus pénible encore que leur parole. Et je ne peux jamais me reposer, quand je sais, quand je sens, derrière un mur, des existences interrompues par ces régulières éclipses de la raison.

■ D'après Guy de Maupassant, « Qui sait ? », 1890.

6 PRÉSENT DE L'INDICATIF **Relève dans la dictée les verbes au présent de l'indicatif et classe-les dans le tableau selon leur personne.**

1re personne du singulier (7 verbes)	3e personne du singulier (4 verbes)
je sais / je sens, j'aime / je suis je peux, je supporte, je dors	elle dort / elle grouille / elle vit / il est.

7 FAMILLES DE MOTS **a. Relève dans le texte des mots de la même famille que les mots ci-dessous.**

supplice : *supplicié*   énervé : *mes nerf.*

corporel : *corps*   rompre : *interrompues*

b. Entoure le radical commun dans les paires de mots.

8 MOTS DIFFICILES **Relis la dictée puis recopie sur une feuille ces mots difficiles.**
existences • éclipses (qui signifie *pertes*)

9 DICTÉE **Fais la dictée sur une feuille.**   Tu peux l'écouter sur (@))) www.bescherelle.com

AS-TU RÉUSSI ? Évalue ta dictée en te reportant au corrigé p. II.

Coche la case si tu as bien écrit :
☐ les verbes surlignés en jaune, sinon refais l'exercice 2.
☐ les mots surlignés en bleu, sinon recopie-les sur une feuille.
☐ les mots encadrés, sinon recopie-les sur une feuille.

La dictée non préparée

10 **DICTÉE** Fais-toi dicter le texte intitulé « La naissance d'un enfant » (p. II).

Tu peux l'écouter sur @)) www.bescherelle.com

Mots donnés : douloureusement • suffoque • délices • prolongation

La naissance d'un enfant

Le narrateur imagine une femme en train d'accoucher dans son lit.

■ D'après Guy de Maupassant, « Le Lit », 1882.

11 **RELIS-TOI** Prends garde aux points suivants.

1. Il y a 13 verbes conjugués au présent de l'indicatif. Vérifie que l'un des verbes à la 3e personne du singulier se termine par -*d* et que les deux verbes à la 3e personne du pluriel se terminent par -*ent*.

2. Il y a 3 formes en -*ant*. Vérifie que tu as accordé deux formes en genre et en nombre avec le nom auquel elles se rapportent.

AS-TU RÉUSSI ? Évalue ta dictée en te reportant au corrigé p. II.

Coche la case si tu as bien écrit :
- ☐ les verbes surlignés en jaune, sinon refais l'exercice 3.
- ☐ les formes surlignées en bleu, sinon reporte-toi à la méthode 13 p. 54.
- ☐ les mots encadrés, sinon recopie-les sur une feuille.

2 Comment bien écrire un verbe au passé simple ?

La méthode

✳ Connaître les terminaisons du passé simple

Verbes du 1er groupe (*chanter*) + *aller*	Verbes du 2e groupe (*finir*)	Verbes du 3e groupe		
		Verbes du 3e groupe en -*ir* (*partir*), -(*d*)*re* (*rendre, mettre, dire...*)	Verbes du 3e groupe en -*oir*(*e*) (*savoir*), -*aître* (*connaître*), -*oudre* (*résoudre*)	Verbes *venir* et *tenir* et leurs composés
je chantai	je finis	je dis	je connus	je devins
tu chantas	tu finis	tu dis	tu connus	tu devins
il chanta	il finit	il dit	il connut	il devint
nous chantâmes	nous finîmes	nous dîmes	nous connûmes	nous devînmes
vous chantâtes	vous finîtes	vous dîtes	vous connûtes	vous devîntes
ils chantèrent	ils finirent	ils dirent	ils connurent	ils devinrent

ATTENTION Pour tous les verbes, il ne faut pas oublier de mettre un accent circonflexe sur les 1re et 2e personnes du pluriel.
nous regardâmes ; vous entendîtes

✳ Savoir par cœur la conjugaison de plusieurs verbes courants

- **être :** *je fus, tu fus, il fut, nous fûmes, vous fûtes, ils furent*
- **avoir :** *j'eus, tu eus, il eut, nous eûmes, vous eûtes, ils eurent*
- **faire :** *je fis, tu fis, il fit, nous fîmes, vous fîtes, ils firent*
- **mettre :** *je mis, tu mis, il mit, nous mîmes, vous mîtes, ils mirent*
- **savoir :** *je sus, tu sus, il sut, nous sûmes, vous sûtes, ils surent*
- **devoir :** *je dus, tu dus, il dut, nous dûmes, vous dûtes, ils durent*

Des exercices pour s'entraîner

1 Coche la bonne réponse.

1. Elle avait froid, alors je lui prêtais ☐ prêtai ☐ prêta ☐ un pull.

2. Il couru ☐ courus ☐ courut ☐ à sa rencontre.

3. Ils revins ☐ revint ☐ revinrent ☐ du collège à dix-sept heures.

4. Ce roman me plaît ☐ plu ☐ plut ☐ beaucoup autrefois.

2 Conjugue les verbes au passé simple.

1. Je (croire) .... à une plaisanterie quand ils (se présenter)
.... devant moi vêtus en mousquetaires.

2. Ils (échanger) .... quelques mots puis (reprendre) ....
leur chemin.

3. Nous (voir) .... une ombre se faufiler dans le jardin. Nous (avoir)
.... peur un instant, mais ce n'était rien.

4. Ils (obtenir) .... leur diplôme puis ils (devenir) ....
de brillants avocats.

3 Réécris les phrases en remplaçant les mots en gras par les mots entre parenthèses.
Fais toutes les modifications nécessaires.

1. Mélissa vint m'aider. Elle m'indiqua **un chemin** qui fut facile à suivre. (Mélissa et Noé ;
des sentiers)

....

2. Un coup de feu retentit, **un oiseau** s'envola. Puis **le calme** revint. (des détonations ;
des oiseaux ; le calme et la paix)

....

3. Les garçons coururent vers **leurs parents**. Ils les embrassèrent avec émotion. (Simon ;
sa mère)

....

4. Ils eurent soudain une idée géniale. Ils allèrent la mettre en pratique aussitôt. (je)

....

4 Mots mêlés. Surligne ces dix verbes
conjugués au passé simple.
(se) réfugier • reconnaître • rejoindre •
revoir • vivre • croire • soutenir • avoir •
être • devenir

G	M	I	R	E	H	A	P	L	U	V	K
O	R	E	F	U	G	I	A	B	D	E	T
C	E	S	G	T	R	H	J	D	A	C	N
M	C	H	B	E	Z	P	U	E	F	U	T
Y	O	V	O	S	A	J	G	V	F	M	C
L	N	G	S	N	U	D	Y	I	G	E	R
F	N	R	E	J	O	I	G	N	I	S	U
B	U	C	W	X	N	K	P	M	Z	F	S
J	R	E	V	I	S	V	O	E	Q	K	V
A	E	X	N	B	Y	A	L	S	H	N	M
M	N	B	U	F	H	S	N	O	E	H	Q
X	T	I	D	S	O	U	T	I	N	T	N

La dictée préparée

5 PREMIÈRE LECTURE **Lis attentivement le texte de la dictée.**

Des bruits inquiétants

Après le mariage du fils de M. de Peyrehorade, le narrateur regagne sa chambre. Il entend alors des bruits étranges dans le couloir.

Tout redevint tranquille. Je pris un livre pour changer le cours de mes idées. Je m'assoupis à la troisième page.

Je dormis mal et me réveillai plusieurs fois. Il pouvait être cinq heures du matin, et j'étais éveillé depuis plus de vingt minutes lorsque le coq chanta. Le jour allait se lever. Alors j'entendis distinctement les mêmes pas lourds, le même craquement de l'escalier que j'avais entendus avant de m'endormir. Cela me parut singulier.

■ D'après Prosper Mérimée, *La Vénus d'Ille*, 1837.

> **ATTENTION** Le participe passé *entendus* s'accorde au masculin pluriel.

6 PASSÉ SIMPLE **Repère les verbes au passé simple et classe-les.**

1er groupe (2 verbes)	2e groupe (1 verbe)	3e groupe		
		Infinitifs en -*ir* ou en -*dre* (3 verbes)	Infinitif en -*aître* (1 verbe)	Composé de *venir* ou *tenir* (1 verbe)

7 ACCORD DU DÉTERMINANT **Écris en toutes lettres les déterminants numéraux et leurs noms.**

(5) heures : .... (20) minutes : ....

> **COUP DE POUCE** Les déterminants numéraux sont invariables sauf *vingt* et *cent* qui prennent un *s* lorsqu'ils sont multipliés et ne sont suivis d'aucun chiffre.

8 MOTS DIFFICILES **Relis la dictée puis recopie sur une feuille ces mots difficiles.**
cours • distinctement

9 DICTÉE **Fais la dictée sur une feuille.** Tu peux l'écouter sur @))) www.bescherelle.com

> **AS-TU RÉUSSI ?** **Évalue ta dictée en te reportant au corrigé p. III.**
>
> Coche la case si tu as bien écrit :
> ☐ les verbes surlignés en jaune, sinon refais l'exercice 2.
> ☐ les groupes nominaux surlignés en bleu, sinon reporte-toi à la méthode 8 p. 34.
> ☐ les mots encadrés, sinon recopie-les sur une feuille.

La dictée non préparée

10 DICTÉE Fais-toi dicter le texte intitulé «Un crime incroyable» (p. III).

Tu peux l'écouter sur @))) www.bescherelle.com

Mots donnés : séant • étreignait • à genoux

Un crime incroyable

Le fils de M. de Peyrehorade a été assassiné. Sa jeune veuve raconte ce qui s'est passé lors de sa nuit de noces.

....

....

....

....

....

....

....

....

....

....

....

....

....

....

■ D'après Prosper Mérimée, *La Vénus d'Ille*, 1837.

11 RELIS-TOI **Prends garde aux points suivants.**

1. Il y a 11 verbes conjugués au passé simple : 6 verbes se terminent par *-it*, 4 par *-a*, et 1 par *-ut*.

2. Vérifie que tu as bien accordé le déterminant avec le nom dans les 4 groupes nominaux pluriel du texte. (Ne compte pas *à genoux* qui fait partie des mots donnés.)

AS-TU RÉUSSI ? Évalue ta dictée en te reportant au corrigé p. III.

Coche la case si tu as bien écrit :
- ☐ les verbes surlignés en jaune, sinon refais l'exercice 3.
- ☐ les groupes nominaux surlignés en bleu, sinon reporte-toi à la méthode 8 p. 34.
- ☐ les mots encadrés, sinon recopie-les sur une feuille.

3 Comment ne pas confondre l'imparfait et le passé simple ?

La méthode

☀ Comprendre le problème

Il existe un risque de confusion entre l'imparfait et le passé simple pour les verbes en -er. En effet, à la 1re personne du singulier, la terminaison -*ai* (passé simple) est très proche phonétiquement de la terminaison -*ais* (imparfait). Pour distinguer les deux temps, il faut connaître leurs terminaisons et savoir quand les utiliser.

> *Je courais depuis une heure lorsque je distinguai enfin la ligne d'arrivée.*

☀ Connaître les terminaisons de l'imparfait et du passé simple des verbes en -er

● Les terminaisons des verbes à l'imparfait sont les mêmes pour tous les groupes :
-ais, -ais, -ait, -ions, -iez, -aient.

● Les verbes du 1er groupe ainsi que le verbe *aller* se terminent au passé simple par
-ai, -as, -a, -âmes, -âtes, -èrent.

☀ Imparfait ou passé simple ?

● Pour savoir quel temps employer, il faut **faire attention au sens de la phrase**. Si le verbe indique une durée, une habitude ou une description dans le passé, on emploiera l'imparfait (-*ais*) ; si le verbe exprime une action ponctuelle ou soudaine dans le passé, on emploiera le passé simple (-*ai*).

● Pour savoir si l'on écrit -*ais* ou -*ai* à la 1re personne du singulier, on peut également :

– **conjuguer les verbes à une autre personne** ;

> *Alors que je dormais, je m'éveillai soudain en sueur.*
> → *Alors que nous dormions, nous nous éveillâmes soudain en sueur.*

– **remplacer les verbes du 1er groupe par des verbes du 2e ou du 3e groupe**.

> *Alors que je sommeillais, je m'éveillai soudain en sueur.*
> → *Alors que je dormais, j'entendis soudain un bruit étrange.*

Des exercices pour s'entraîner

1 **Coche la bonne réponse.**

1. Chaque matin, je me levai ☐ levais ☐ levait ☐ de bonne heure.
2. Je réalisai ☐ réalisais ☐ soudain que j'avais oublié mon rendez-vous.
3. Hier, je rencontraient ☐ rencontrai ☐ rencontrais ☐ par hasard mon amie d'enfance.

COUP DE POUCE Tu dois être attentif à la conjugaison mais aussi au temps qui convient !

2 **Relie les deux colonnes pour former des phrases.**

1. Chaque jour, j'entrais dans la boulangerie •   • on la retrouva sous un fauteuil.
2. Alors que je franchissais le pont,   •   • je me décidai à montrer mon travail.
3. Je marchai sur quelques mètres puis   •   • et je humais l'odeur du pain chaud.
4. On chercha sa montre jusqu'au jour où   •   • je m'amusai à sautiller.
5. Je dessinais depuis des années lorsque   •   • j'accrochai ma jupe à un fil de fer.

3 **Imparfait ou passé simple ? Conjugue les verbes au temps qui convient.**

1. Une nuit alors que je (rentrer) .... tard chez moi, je (bousculer) ....
accidentellement .... mon voisin qui sortait.

2. Elle (porter) .... une robe en mousseline blanche et une broche
dorée (orner) .... son châle.

3. Je l'(observer) .... depuis quelques instants quand je (se rappeler)
.... soudain l'avoir déjà vu quelque part.

4. Chaque dimanche, vous (accompagner) .... votre mère au marché
et vous l'(aider) .... à choisir les légumes.

COUP DE POUCE Une conjonction de coordination relie toujours des verbes conjugués au même temps.

4 **Mots fléchés. Imparfait ou passé simple ? Conjugue les verbes au temps qui convient et place ta réponse dans la grille.**

1. Nous (annoncer) notre intention de partir.
2. Ce jour-là, je (créer) une recette inédite.
3. Tu (noter) aussitôt son numéro de téléphone.
4. Elle leur (accorder) un bref entretien.
5. Jadis, c'est toujours moi qui (décorer) le sapin.
6. Je (couper) le poulet pendant que mon bouillon mijotait.
7. Je le (prier) de ne rien révéler de notre secret.
8. J'(aller) souvent lui rendre visite.

La dictée préparée

5 PREMIÈRE LECTURE Lis attentivement le texte de la dictée.

Un départ précipité

Le narrateur quitte Paris pour partir quelques jours en province où une affaire urgente l'appelle.

Je me levai ; je secouai la cendre de mon cigare. Puis, en homme de décision, je mis mon chapeau, ma houppelande[1] et mes gants ; je pris ma valise et mon fusil ; je soufflai les bougies et je sortis.

Trois quarts d'heure après, le convoi de la ligne de Bretagne m'emportait vers le petit village de Saint-Maur ; j'avais même trouvé le temps, à la gare, d'expédier une lettre crayonnée à la hâte, en laquelle je prévenais mon père de mon départ.

■ D'après Villiers de L'Isle-Adam, « L'Intersigne », *Contes cruels*, 1865.

1. Houppelande : sorte de petite cape.

6 IMPARFAIT OU PASSÉ SIMPLE ? a. Relève les verbes à l'imparfait et au passé simple et classe-les dans le tableau selon l'exemple suivant. Précise à quelle personne ils sont conjugués.

Verbes à l'imparfait (2 verbes)	Verbes au passé simple (6 verbes)
emportait (3e pers. sing.)	

b. Surligne dans le tableau les verbes conjugués à la 1re personne du singulier qui se terminent par -*ais* ou -*ai*.

7 FAMILLES DE MOTS Relève dans le texte des mots de la même famille que les mots ci-dessous. Puis entoure leur radical commun.

chapelier : ....   temporaire : ....

fusiller : ....   crayon : ....

8 MOTS DIFFICILES Relis la dictée puis recopie sur une feuille ces mots difficiles.
cendre • houppelande • gants • convoi • hâte

9 DICTÉE Fais la dictée sur une feuille.   Tu peux l'écouter sur @))) www.bescherelle.com

AS-TU RÉUSSI ? Évalue ta dictée en te reportant au corrigé p. IV.

Coche la case si tu as bien écrit :
☐ les verbes surlignés en jaune, sinon refais l'exercice 2.
☐ les mots surlignés en bleu, sinon recopie-les sur une feuille.
☐ les mots encadrés, sinon recopie-les sur une feuille.

La dictée non préparée

10 **DICTÉE** Fais-toi dicter le texte intitulé «Le cauchemar» (p. IV).

Tu peux l'écouter sur  www.bescherelle.com

Mots donnés : effleurant • râle • frénétique

Le cauchemar

Au cours d'une nuit, le narrateur a l'impression qu'un fantôme surgit devant lui.

■ D'après Villiers de L'Isle-Adam, « L'Intersigne », *Contes cruels*, 1865.

11 **RELIS-TOI** Prends garde aux points suivants.

1. Vérifie qu'à la 1re personne du singulier 4 verbes se terminent par *-ai* et 1 verbe par *-ais*.

2. As-tu bien accordé les 3 participes passés employés comme adjectifs ? 2 participes passés sont au féminin pluriel, 1 participe passé est au masculin pluriel.

AS-TU RÉUSSI ? Évalue ta dictée en te reportant au corrigé p. IV.

Coche la case si tu as bien écrit :
☐ les verbes surlignés en jaune, sinon refais l'exercice 3.
☐ les adjectifs ou participes passés surlignés en bleu, sinon reporte-toi à la méthode 10 p. 42.
☐ les mots encadrés, sinon recopie-les sur une feuille.

4

Comment ne pas confondre le futur de l'indicatif et le conditionnel présent ?

La méthode

✳ Comprendre le problème

Le futur de l'indicatif et le conditionnel présent sont formés sur le même radical et présentent des terminaisons phonétiquement très proches à la 1re personne du singulier : *-rai* au futur et *-rais* au conditionnel présent. Pour les distinguer, il faut connaître leurs terminaisons et savoir quand les utiliser.

> *Moi, je serai là à 16 heures.*
> *Je viendrais si tu me le demandais.*

✳ Connaître les terminaisons du futur de l'indicatif et du conditionnel présent

● Les terminaisons du futur sont les mêmes pour tous les verbes : *-rai, -ras, -ra, -rons, -rez, -ront.*

> *Tu seras un bon médecin.*

● Les terminaisons du conditionnel sont les mêmes pour tous les verbes : *-rais, -rais, -rait, -rions, -riez, -raient.*

> *Je serais heureuse si tu venais.*

> **ATTENTION** Il ne faut pas confondre les terminaisons des 1re et 2e personnes du pluriel au futur et au conditionnel. Les terminaisons *-rons* et *-rez* du futur deviennent *-rions* et *-riez* au conditionnel.

✳ Futur de l'indicatif ou conditionnel présent ?

● Pour bien distinguer le futur de l'indicatif du conditionnel présent, il faut **faire attention au sens de la phrase** :

– si le verbe exprime un fait certain dans l'avenir, on emploiera le futur (*-rai*) ;

– si le verbe exprime une action liée à une condition, une éventualité, un souhait ou une demande polie, on emploiera le conditionnel (*-rais*).

> *Je ferai une tarte au chocolat pour le dessert.*
> [action considérée comme certaine dans l'avenir]

> *J'aimerais qu'il fasse beau demain.*
> [expression d'un souhait]

● Pour savoir si l'on écrit *-rai* ou *-rais* à la 1re personne du singulier, on peut **remplacer le verbe par le même verbe conjugué à la 3e personne du singulier**.

> *J'irai voir ma cousine demain.* → *Il ira voir sa cousine demain.*
> *Je souhaiterais obtenir un rendez-vous.* → *Il souhaiterait obtenir un rendez-vous.*

Des exercices pour s'entraîner

1 **Complète avec le pronom personnel qui convient.**

1. .... souhaiterais une baguette, s'il vous plaît.
2. .... aimerais venir au cinéma avec nous ?
3. .... viendrai chez toi comme promis.
4. .... seraient heureux de vous accueillir pendant votre séjour.
5. .... préférerais cette robe en bleu, tu sais.
6. .... ne connaîtriez pas un bon dentiste ?

2 **Futur de l'indicatif ou conditionnel présent ? Conjugue les verbes au temps qui convient.**

1. Je (vouloir) .... tellement aller à ce concert !
2. Si j'étais disponible, je (venir) .... t'aider à emménager.
3. Vous les (voir) .... à Paris le mois prochain.
4. Je (faire) .... des études de journalisme plus tard.
5. Nous (aimer) .... prendre un bon bain chaud.
6. (Pouvoir) .... -je m'asseoir à côté de vous ?

3 **Réécris les phrases en remplaçant les mots en gras par les mots entre parenthèses. Fais toutes les modifications nécessaires.**

1. **Nous** visiterons Chartres et nous nous promènerons dans ses rues médiévales. (je)

....

2. **Tu** viendrais le 18 décembre et tu repartirais le 3 janvier. (vous)

....

3. S'il faisait beau, **vous** iriez vous promener. (je)

....

4. **Ils** choisiront les jouets puis ils vous les enverront par la poste. (nous)

....

4 **Lettres dans le désordre. Retrouve les verbes conjugués au futur ou au conditionnel. Pour t'aider, la première lettre du verbe est en couleur.**

1. RIAS : Un jour, tu .... à Rome.
2. ZISERE : Vous .... avisés d'écouter ses conseils.
3. EVISARD : Tu .... le dire à tes parents.
4. ENPRASIDR : Si je pouvais, je .... des congés.
5. OSNFRE : Nous .... tout ce que nous pouvons pour être à l'heure.
6. ERRVNEIA : J' .... le colis dès demain.
7. RAPUOISR : .... -tu me consacrer un peu de temps ?

La dictée préparée

5 **PREMIÈRE LECTURE** Lis attentivement le texte de la dictée.

Lullaby chez la directrice d'école

Sans prévenir, Lullaby quitte l'école pour aller admirer la mer. Elle revient pour voir son maître,
M. Filippi, et se fait interpeller par la directrice de l'école qui lui demande de justifier son absence.

— Je voudrais voir... M. Filippi..., dit enfin Lullaby.

— Vous le verrez plus tard, vous le verrez, dit la Directrice. Mais il faut que vous me disiez enfin la vérité, où vous étiez.

— Je vous ai dit, je regardais la mer, j'étais cachée dans les rochers et je regardais la mer.

— Si vous ne voulez pas me dire avec qui vous étiez, je vais être obligée d'écrire à vos parents. Votre père...

Le cœur de Lullaby se mit à battre très fort.

— Si vous faites cela, je ne reviendrai plus jamais ici !

> ■ Jean Marie Gustave Le Clézio, « Lullaby », in *Mondo et autres histoires*, © Éditions Gallimard.

6 **FUTUR OU CONDITIONNEL ?** Relève dans la dictée les deux verbes en *-rai* et *-rais*, puis coche la bonne case.

Je .... ☐ futur   ☐ conditionnel

Je .... ☐ futur   ☐ conditionnel

7 **ACCORD DU PARTICIPE PASSÉ AVEC L'AUXILIAIRE *ÊTRE*** Surligne le nom des deux interlocuteurs du texte puis relève deux formes verbales qui prouvent que les personnages sont des personnages féminins.

....

8 **MOTS DIFFICILES** Relis la dictée puis recopie sur une feuille ces mots difficiles.
mer • rochers

9 **DICTÉE** Fais la dictée sur une feuille.   Tu peux l'écouter sur @))) www.bescherelle.com

---

AS-TU RÉUSSI ? Évalue ta dictée en te reportant au corrigé p. IV.

Coche la case si tu as bien écrit :
☐ les verbes surlignés en jaune, sinon refais l'exercice 2.
☐ les participes passés surlignés en bleu, sinon reporte-toi à la méthode 11 p. 46.
☐ les mots encadrés, sinon recopie-les sur une feuille.

La dictée non préparée

10 DICTÉE Fais-toi dicter le texte intitulé «La lettre de Lullaby» (p. IV-V).

Tu peux l'écouter sur  www.bescherelle.com

Mots donnés : Ppa • Istanbul • Laurence

La lettre de Lullaby

Lullaby, une fillette livrée à elle-même, écrit une lettre à son père qu'elle n'a pas vu depuis longtemps.

■ Jean Marie Gustave Le Clézio, « Lullaby », in *Mondo et autres histoires*, © Éditions Gallimard.

11 RELIS-TOI **Prends garde aux points suivants.**

1. As-tu bien écrit 4 verbes au conditionnel présent et 2 verbes au futur de l'indicatif ?

2. Le texte comprend plusieurs homophones. Vérifie que tu as écrit 1 fois la forme *c'est* et 1 fois la forme *sais*.

> **AS-TU RÉUSSI ?** **Évalue ta dictée en te reportant au corrigé p. IV-V.**
>
> Coche la case si tu as bien écrit :
> ☐ les verbes surlignés en jaune, sinon refais l'exercice 1.
> ☐ les homophones surlignés en bleu, sinon reporte-toi à la méthode 17 p. 70.
> ☐ les mots encadrés, sinon recopie-les sur une feuille.

Comment bien écrire un verbe au subjonctif présent ?

La méthode

✳ Savoir reconnaître un verbe au subjonctif présent

● Un verbe au subjonctif est, presque toujours, **précédé de** *que*.

● Les **terminaisons** du subjonctif présent sont **les mêmes pour tous les verbes** : *-e*, *-es*, *-e*, *-ions*, *-iez*, *-ent*

*il faut que je part*e */ que tu part*es */ qu'il part*e */ que nous part*ions */ que vous part*iez */ qu'ils part*ent

✳ Savoir quand il faut employer le subjonctif

● Le subjonctif sert à exprimer des **souhaits**, des **craintes**, des **doutes**, des **sentiments**, des **possibilités**, à l'inverse de l'indicatif qui exprime des actions certaines.

Je souhaite qu'il fasse *beau aujourd'hui.* [souhait au subjonctif présent]
Il fait *beau aujourd'hui.* [certitude à l'indicatif présent]

● Certaines **locutions conjonctives** ne s'emploient qu'avec le subjonctif : *afin que, avant que, pour que, bien que*, etc.

<u>*Bien qu'il*</u> ait *froid, il sort sans son pull.*
J'ai appris ma leçon <u>*afin que*</u> *tu* sois *fière de moi.*

> **ATTENTION** *Après que* est suivi d'un verbe à l'indicatif.
> *Après qu'il* a plu*, le soleil revient.*

✳ Connaître les verbes les plus courants qui changent de radical au subjonctif présent

Les **auxiliaires** et **certains verbes du 3e groupe changent de radical** au subjonctif présent.

être	qu'il soit	aller	qu'il aille
avoir	qu'il ait	prendre	qu'il prenne
vouloir	qu'il veuille	tenir	qu'il tienne
pouvoir	qu'il puisse	craindre	qu'il craigne
savoir	qu'il sache	falloir	qu'il faille
faire	qu'il fasse	paraître	qu'il paraisse

Des exercices pour s'entraîner

1 Entoure dans chaque série le verbe au subjonctif présent.

1. prenons • prendrons • prendrions • prenions
2. avais • aies • as • auras
3. rangez • rangiez • rangerez • rangeâtes
4. craigne • crains • craignais • craignis
5. fait • faisait • fit • fasse

2 Conjugue les verbes au subjonctif présent.

1. Il faut que tu (venir) .... le plus vite possible.
2. Pourvu que nous (savoir) .... comment rentrer à la maison !
3. Il est temps que vous vous (rendre) .... compte de la situation.
4. Ce remède, il faut qu'elle le (boire) .... pour guérir.
5. Mes parents économisent pour que j'(aller) .... à l'étranger.

3 Réécris les phrases en remplaçant les verbes ou locutions verbales en gras par les verbes entre parenthèses. Fais toutes les modifications nécessaires.

1. Je **pense** qu'ils seront contents de me voir. (aimerais)

....

2. Je **sais** que tu deviendras un célèbre chanteur. (doute)

....

3. Il **est certain** que nous ferons bientôt une halte. (faut)

....

4. Je **suis sûre** que tu plairas à ma mère. (voudrais)

....

4 Mots fléchés. Conjugue chaque verbe au subjonctif présent et place ta réponse dans la grille.

1. Il est préférable que vous (être) à l'heure.
2. J'aimerais qu'ils (savoir) ce que tu as fait pour eux.
3. Ce serait bien qu'elle s'(entendre) mieux avec lui.
4. Il faut que vous (effectuer) ces réparations.
5. Je doute qu'ils (retenir) toute la leçon.
6. Qu'ils (prendre) le prochain train !
7. Pourvu que nous (avoir) de la chance !

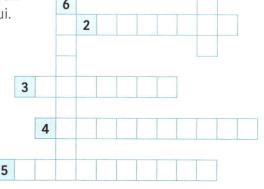

ZOOM Dans les propositions indépendantes, le subjonctif sert à exprimer le souhait, l'ordre ou la défense.
Qu'on m'apporte immédiatement une chaise !

La dictée préparée

5 **PREMIÈRE LECTURE** Lis attentivement le texte de la dictée.

Un quiproquo amusant

Harpagon, qui s'est fait voler sa cassette pleine d'or, croit voir son voleur partout.

MAÎTRE JACQUES. — Je m'en vais revenir. Qu'on me l'égorge tout à l'heure[1] ; qu'on me lui fasse griller les pieds ; qu'on me le mette dans l'eau bouillante, et qu'on me le pende au plancher.

HARPAGON. — Qui ? Celui qui m'a dérobé ?

MAÎTRE JACQUES. — Je parle d'un cochon de lait que votre intendant me vient d'envoyer[2], et je veux vous l'accommoder à ma fantaisie[3].

HARPAGON. — Il n'est pas question de cela.

■ D'après Molière, *L'Avare* (V, 7), 1668.

1. Tout à l'heure : tout de suite. **2. Me vient d'envoyer** : vient de m'envoyer.
3. Je veux vous l'accommoder à ma fantaisie : je veux vous le préparer à ma façon.

6 **SUBJONCTIF PRÉSENT** Complète le tableau en relevant les 4 verbes au subjonctif présent du texte et en indiquant leur infinitif.

Verbes au subjonctif présent	Infinitifs des verbes

7 **FORMES VERBALES EN *ER/É*** Complète les phrases à l'aide du texte.

Qu'on me lui fasse .... les pieds.

Qui ? Celui qui m'a .... ?

Je parle d'un cochon de lait que votre intendant me vient d'............... , et je veux vous l'............... à ma fantaisie.

8 **MOTS DIFFICILES** Relis la dictée puis recopie sur une feuille ces mots difficiles.
bouillante • plancher • intendant • fantaisie

9 **DICTÉE** Fais la dictée sur une feuille.   Tu peux l'écouter sur @))) www.bescherelle.com

AS-TU RÉUSSI ? Évalue ta dictée en te reportant au corrigé p. V.

Coche la case si tu as bien écrit :
☐ les verbes surlignés en jaune, sinon refais l'exercice 2.
☐ les formes verbales surlignées en bleu, sinon reporte-toi à la méthode 18 p. 74.
☐ les mots encadrés, sinon recopie-les sur une feuille.

La dictée non préparée

10 DICTÉE **Fais-toi dicter le texte intitulé «Une épouse insoumise» (p. V).**

Tu peux l'écouter sur  www.bescherelle.com

Mots donnés : Angélique • s'avise • tyrannie • Messieurs les maris

Une épouse insoumise

Angélique, mariée de force à George Dandin, se plaint des contraintes imposées par son époux.

■ D'après Molière, *George Dandin* (II, 2), 1668.

ATTENTION Dans l'expression *je les trouve bons*, l'adjectif *bons* s'accorde au masculin pluriel avec le pronom COD *les*.

11 RELIS-TOI **Prends garde aux points suivants.**

1. Il y a 4 verbes conjugués au subjonctif présent. Vérifie que l'un des verbes se termine bien par *-ent*.

2. As-tu bien accordé les 3 déterminants indéfinis *tout* ? Il y a 1 forme au masculin pluriel et 1 forme au féminin pluriel.

AS-TU RÉUSSI ? Évalue ta dictée en te reportant au corrigé p. V.

Coche la case si tu as bien écrit :
☐ les verbes surlignés en jaune, sinon refais l'exercice 3.
☐ les déterminants surlignés en bleu, sinon reporte-toi à la méthode 9 p. 38.
☐ les mots encadrés, sinon recopie-les sur une feuille.

6

Comment bien écrire un verbe à un temps composé de l'indicatif ?

La méthode

✳ Reconnaître un verbe conjugué à un temps composé

● L'indicatif comprend **quatre temps composés** : le passé composé, le plus-que-parfait, le futur antérieur et le passé antérieur.

● Un verbe conjugué à un temps composé est constitué de deux éléments : **auxiliaire *être*** ou ***avoir* conjugué à un temps simple** + **participe passé**.

> Il *était parti* en Afrique.

✳ Savoir quel auxiliaire employer

● On emploie l'**auxiliaire *avoir*** pour **la plupart des verbes**. On l'emploie également pour construire les temps composés du verbe *être*.

> Il *a acheté* un pull-over.
> Tu *avais été* très courageux.

● On emploie l'auxiliaire ***être*** pour les **verbes pronominaux**, les **verbes de déplacement** (*aller, arriver, entrer, partir, venir...*) et certains verbes comme **rester**, **devenir**.

> Ils *se sont blessés* en EPS.
> Ronan *était resté* chez lui.

(Sur l'accord du participe passé avec l'auxiliaire *être* ou a*voir* → séquences 11 p. 46 et 12 p. 50.)

✳ Distinguer les temps composés

Pour reconnaître un temps composé, il faut identifier à quel temps est conjugué l'auxiliaire.

Temps de l'auxiliaire	Temps composé	Exemples
présent (*a/est*)	passé composé	*a vécu / est entré*
imparfait (*avait/était*)	plus-que-parfait	*avait vécu / était entré*
futur simple (*aura/sera*)	futur antérieur	*aura vécu / sera entré*
passé simple (*eut/fut*)	passé antérieur	*eut vécu / fut entré*

Des exercices pour s'entraîner

1 *Être* ou *avoir* ? Trouve l'auxiliaire qui permet de conjuguer ces verbes et coche la bonne réponse.

1. aller   avoir ☐ être ☐   **4.** se lever   avoir ☐ être ☐
2. rencontrer   avoir ☐ être ☐   **5.** devenir   avoir ☐ être ☐
3. faire   avoir ☐ être ☐   **6.** croire   avoir ☐ être ☐

2 Conjugue les verbes à la personne et au temps demandés.

préparer 3e pers. plur. futur antérieur		*connaître* 1re pers. sing. plus-que-parfait	
permettre 2e pers. plur. plus-que-parfait		*pleuvoir* 3e pers. sing. passé composé	
entrer 2e pers. sing. passé antérieur		*s'asseoir* 1re pers. plur. futur antérieur	

3 Conjugue les verbes au temps demandé.

1. Les alpinistes (atteindre, passé composé) .... le sommet.
2. Les ingénieurs (concevoir, passé composé) .... un nouveau prototype.
3. La majorité des gens (arriver, plus-que-parfait) .... dès l'ouverture du magasin.
4. Le voyage en Allemagne (avoir, plus-que-parfait) .... lieu en mai, les troisièmes (passer, plus-que-parfait) .... déjà .... le brevet blanc.

4 Mots dans le désordre. Remets les mots dans le bon ordre pour former des phrases.

1. longtemps / mes / vécu / Sud / parents / dans / ont / le

....

2. cette / admise / Iris / été / école / dans / avait

....

3. film / couchera / quand / elle / le / en / aura / regardé / entier / elle / se

....

4. il / enfin / parler / je / lorsque / pus / fini / de / histoire / eut / raconter / son

....

> **COUP DE POUCE** À la voix passive, la forme verbale est constituée de trois éléments : auxiliaire *avoir* conjugué à un temps simple + participe passé du verbe *être* (*été*) + participe passé du verbe conjugué.
> *La Sagrada familia a été construite par l'architecte Gaudi.*

La dictée préparée

5 PREMIÈRE LECTURE **Lis attentivement le texte de la dictée.**

La révélation du complot

Edmond Dantès, devenu comte de Monte-Cristo, retrouve sa fiancée après quatorze années d'emprisonnement. Il lui révèle le complot auquel son mari a participé vingt-trois ans plus tôt.

Mais ce que vous ne savez pas, madame, c'est le temps qu'elle a duré, cette arrestation. Ce que vous ne savez pas, c'est que je suis resté quatorze ans à un quart de lieue[1] de vous, dans un cachot[2] du château d'If. Chaque jour de ces quatorze ans j'ai renouvelé le vœu de vengeance que j'avais fait le premier jour, et cependant j'ignorais que vous aviez épousé Fernand, mon dénonciateur, et que mon père était mort, et mort de faim !

■ D'après Alexandre Dumas, *Le Comte de Monte-Cristo*, 1844-1845.

1. Un quart de lieue : un kilomètre (une lieue vaut quatre kilomètres).
2. Cachot : cellule de prison.

6 TEMPS COMPOSÉS **Complète le tableau à l'aide des verbes conjugués à un temps composé.**

Sujet	Verbe	Temps du verbe
elle	a duré	passé composé

7 FAMILLES DE MOTS **Relève dans le texte des mots de la même famille que les mots ci-dessous.**

arrêter : ....   venger : ....

cacher : ....   dénoncer : ....

8 MOTS DIFFICILES **Relis la dictée puis recopie sur une feuille ces mots difficiles.**
lieue • vœu

9 DICTÉE **Fais la dictée sur une feuille.**   Tu peux l'écouter sur @))) www.bescherelle.com

AS-TU RÉUSSI ? **Évalue ta dictée en te reportant au corrigé p. VI.**

Coche la case si tu as bien écrit :
☐ les formes verbales surlignées en jaune, sinon refais l'exercice 2.
☐ les mots surlignés en bleu, sinon recopie-les sur une feuille.
☐ les mots encadrés, sinon recopie-les sur une feuille.

La dictée non préparée

10 **DICTÉE** **Fais-toi dicter le texte intitulé «Les révélations de Valentine» (p. VI).**

Tu peux l'écouter sur www.bescherelle.com

Mots donnés : Morrel • Valentine • Monte-Cristo • luire • son azur matinal

Les révélations de Valentine

Monte-Cristo a sauvé de l'empoisonnement Valentine, la jeune fille que Maximilien Morrel aime et qu'il a cru morte.

■ D'après Alexandre Dumas, *Le Comte de Monte-Cristo*, 1844-1845.

11 **RELIS-TOI** **Prends garde aux points suivants.**

1. Il y a 6 verbes conjugués au plus-que-parfait dans le texte : 4 sont à la 3e personne du singulier (auxiliaires *avait* et *était*) et 2 sont à la 3e personne du pluriel (auxiliaires *avaient* et *étaient*).

2. Dans les 6 verbes au plus-que-parfait, as-tu accordé 2 participes passés au féminin singulier et 1 participe passé au masculin pluriel ?

> **AS-TU RÉUSSI ?** **Évalue ta dictée en te reportant au corrigé p. VI.**
>
> Coche la case si tu as bien écrit :
> ☐ les formes verbales surlignées en jaune, sinon refais l'exercice 3 et reporte-toi aux méthodes 11 p. 46 et 12 p. 50.
> ☐ les mots encadrés, sinon recopie-les sur une feuille.

Comment accorder le verbe avec son sujet ?

La méthode

Connaître la règle générale

- Le **verbe s'accorde avec son sujet** en personne et en nombre.

  Mon chat joue dans la cour. / Les enfants jouent dans la cour.

- Lorsque le sujet est un groupe nominal étendu, le verbe **s'accorde avec le nom noyau**.

  Les sœurs aînées de mon amie Léa sont déjà à l'université.

- Le sujet est en général placé immédiatement devant le verbe, mais il peut être **éloigné du verbe**.

  Je lui ai dit la vérité.

  [Le sujet est séparé du verbe par le pronom *lui*.]

> **ATTENTION** Le sujet peut être placé après le verbe dans les phrases interrogatives et dans des phrases débutant par un complément circonstanciel. On parle de sujet inversé.
> *Vient-elle au cinéma avec nous ?*

Connaître la règle d'accord quand il y a plusieurs sujets

- Lorsqu'un verbe a plusieurs sujets, il **s'accorde au pluriel**.

  Thibault et Jules aiment les mathématiques.

- Lorsque le groupe sujet comporte un pronom personnel de 1re ou de 2e personne :

– **moi** (ou **nous**) + toi, lui, elle, vous, eux, elles = **nous**

  Toi et moi irons à la patinoire.

– **toi** (ou **vous**) + lui, elle, eux, elles = **vous**

  Lui et toi parlez d'avenir.

Connaître les cas particuliers

Sujet	Règle d'accord	Exemple
Le sujet est un nom collectif (*une foule de, un groupe de, l'ensemble de, la majorité de…*).	Le verbe s'accorde au singulier ou au pluriel.	*Un groupe d'élèves se dirige / se dirigent vers la cantine.*
Le sujet est un pronom indéfini (*on, aucun, chacun, personne, rien, quelqu'un…*).	Le verbe s'accorde au singulier.	*Chacun lit sa bande dessinée préférée.*
Le sujet comprend un adverbe de quantité (*beaucoup de, trop de, peu de…*) ou un déterminant indéfini (*tous/toutes les*).	Le verbe s'accorde au pluriel.	*Peu de chanteurs se produisent dans cette salle de concert.*
Le sujet est le pronom relatif *qui*.	Le verbe s'accorde avec l'antécédent du pronom.	*C'est moi qui vais présenter l'exposé.*

> **ATTENTION** Le nom collectif *la plupart (de)* est plutôt suivi d'un verbe au pluriel.
> *La plupart des enfants aiment les bonbons.*

Des exercices pour s'entraîner

1 **Coche la bonne case.**

1. Tom et moi veut ☐ voulons ☐ veulent ☐ prendre des cours de danse.
2. Parmi les candidats, aucun n'a ☐ n'avez ☐ n'ont ☐ réussi le test.
3. C'est toi qui vais ☐ vas ☐ va ☐ lui annoncer la nouvelle.

2 **Réécris les phrases suivantes en remplaçant le sujet en gras par le sujet entre parenthèses. Attention aux accords des verbes.**

1. **Cette boutique** ouvre à 10 heures du matin. (ces boutiques)

....

2. **Tu** as écouté les dernières informations. (Marie et toi)

....

3. **Baptiste** assistera à la finale du tournoi de tennis. (tous les passionnés)

....

3 **Complète avec les sujets suivants.**
tous • les passants • aucune vendeuse • Mouret •
la foule • la plupart des gens • sa tâche • les vitrines

> **COUP DE POUCE** Sois attentif aux accords des verbes mais aussi au sens des phrases.

Dans le magasin que contemplent ...., ..., le grand patron, prépare

la nouvelle collection. .... s'amoncelle devant .... qui regorgent

de nouveautés. .... ne peuvent pas s'offrir les merveilles présentées, mais

.... en rêvent. .... ne sait encore à quel point .... sera rude.

4 **Mots fléchés. Accorde chaque verbe avec son sujet et place ta réponse dans la grille.**

1. Laurent et moi (chercher, présent) un logement.
2. Elle nous (ramener, présent) chez nous.
3. Dans le nid (éclore, présent) un bel œuf.
4. Personne ne (parler, futur) pendant l'exposé.
5. On (être, imparfait) heureux de partir.
6. La majorité d'entre eux (connaître, présent) leurs leçons.
7. Emma, Océane et Léna (aller, futur) au tableau.
8. C'est eux qui le (saluer, passé simple) en premier.

La dictée préparée

5 PREMIÈRE LECTURE **Lis attentivement le texte de la dictée.**

La ruée vers les soldes

Le patron d'un grand magasin, Octave Mouret, espère une vente record pour ses nouveautés.

Son visage se colorait, la foi renaissait et le grandissait, devant le flot de monde qui, peu à peu, emplissait le magasin. C'était enfin la poussée attendue, l'écrasement de l'après-midi, dont il avait un instant désespéré, dans sa fièvre ; tous les commis se trouvaient à leur poste, un dernier coup de cloche venait de sonner la fin de la troisième table ; la désastreuse matinée, due sans doute à une averse tombée vers neuf heures, pouvait encore être réparée.

■ D'après Émile Zola, *Au Bonheur des Dames*, 1883.

6 ACCORD DU VERBE AVEC LE SUJET **Complète le tableau ci-dessous à l'aide de la dictée.**

Verbe(s)	Sujet
se colorait	son visage
renaissait et grandissait	
était	c'
pouvait être réparée	

7 ACCORD DU PARTICIPE PASSÉ EMPLOYÉ COMME ADJECTIF **Relève les participes passés qui s'accordent avec les groupes nominaux suivants.**

la poussée .... • la désastreuse matinée .... •

une averse ....

8 MOTS DIFFICILES **Relis la dictée puis recopie sur une feuille ces mots difficiles.**
flot • poussée • commis • désastreuse

9 DICTÉE **Fais la dictée sur une feuille.** Tu peux l'écouter sur @))) www.bescherelle.com

---

AS-TU RÉUSSI ? **Évalue ta dictée en te reportant au corrigé p. VII.**

Coche la case si tu as bien écrit :
☐ les sujets et les verbes surlignés en jaune, sinon refais l'exercice 3.
☐ les participes passés surlignés en bleu, sinon reporte-toi à la méthode 10 p. 42.
☐ les mots encadrés, sinon recopie-les sur une feuille.

La dictée non préparée

DICTÉE Fais-toi dicter le texte intitulé « La cantine du magasin » (p. VII).

Tu peux l'écouter sur @))) www.bescherelle.com

Mots donnés : Mignot • Liénard • Mouret • Bourdoncle • suffoqué

La cantine du magasin

Les employés du grand magasin « Au Bonheur des Dames » se plaignent de la nourriture servie à la cantine. Le patron Mouret et son associé viennent calmer les tensions.

■ D'après Émile Zola, *Au Bonheur des Dames*, 1883.

11 **RELIS-TOI** **Prends garde aux points suivants.**

1. Parmi les 10 verbes conjugués à l'indicatif dans le texte, vérifie que tu en as accordé 5 au pluriel.

2. Parmi les 6 formes verbales en *ez/er/é* du texte, vérifie que 3 se terminent en *-er* et 1 en *-ez*.

AS-TU RÉUSSI ? **Évalue ta dictée en te reportant au corrigé p. VII.**

Coche la case si tu as bien écrit :
☐ les sujets et les verbes surlignés en jaune, sinon refais l'exercice 4.
☐ les formes verbales soulignées, sinon reporte-toi à la méthode 18 p. 74.
☐ les mots encadrés, sinon recopie-les sur une feuille.

Comment accorder les déterminants ?

8

La méthode

Connaître la règle générale

● Le déterminant **s'accorde en genre et en nombre avec le nom** qu'il précède.

La fillette mange un croissant pour le goûter.

● Lorsque le déterminant est séparé du nom par des expansions, l'accord se fait **avec le nom noyau du groupe nominal**.

La petite chèvre broutait dans la campagne.

Distinguer les déterminants homophones

● Le **déterminant possessif** *ses* et le **déterminant démonstratif** *ces* se prononcent de la même manière.
Si on peut remplacer le déterminant par *les siens/siennes*, il s'agit du possessif *ses* ;
si on peut le remplacer par *ceux-ci/celles-ci*, il s'agit du démonstratif *ces*.

Élisa a les yeux marron. Ses cheveux sont châtain. *[= les siens]*

> **ATTENTION** Il ne faut pas confondre le déterminant possessif *leur* qui s'accorde avec le nom qu'il précède et le pronom personnel *leur* qui est invariable. (→ séquence 14 p. 58)
> *Leurs résultats sont excellents. / Il leur propose une sortie au musée.*

● Certains déterminants **se prononcent de la même façon au masculin et au féminin** mais **s'écrivent différemment** : *nul/nulle, tel(s)/telle(s), quel(s)/quelle(s), cet/cette* (on emploie *cet* devant un nom masculin commençant par une voyelle ou un *h* muet). Pour savoir comment les orthographier, il faut identifier le genre du nom qu'ils précèdent.

Quelle jolie journée !

Bien écrire les déterminants indéfinis

Les **déterminants indéfinis** *plusieurs*, *différent(e)s* et *divers(es)* sont toujours au **pluriel**, tandis que les déterminants *chaque*, *aucun(e)* et *nul(le)* sont toujours au **singulier**.

Plusieurs personnes l'ont reconnu. / Chaque jour est différent.

Bien écrire les déterminants numéraux

Les **déterminants numéraux cardinaux** indiquent le nombre. Ils sont **invariables sauf *vingt* et *cent*** qui prennent un *s* **quand ils sont multipliés et ne sont suivis d'aucun nombre**.

Il a eu quatre-vingts ans. / Ce tableau est vieux de trois cents ans.

> **ATTENTION** *Millier*, *million* et *milliard* sont des **noms** : ils prennent donc un *s* au pluriel.
> *Premier*, *deuxième*, etc. sont des **adjectifs numéraux ordinaux**, ils sont **variables**.

1 **Coche la bonne réponse.**

1. Je n'ai nul ☐ nulle ☐ envie de sortir.

2. Différent ☐ Différents ☐ points de vue s'expriment.

3. Cet ☐ Cette ☐ anniversaire a rassemblé beaucoup de monde.

4. Regarde ! Ses ☐ Ces ☐ chaussures en vitrine sont vraiment originales !

5. Divers ☐ Diverses ☐ manifestations ont lieu partout en France.

2 **Fais les accords si nécessaire.**

1. Certain........... animaux voient la nuit. La chouette hulule certain........... nuits.

2. Il y avait cet........... vieille maison, près du hameau. Cet........... endroit m'a toujours effrayé.

3. Sur son visage n'apparaissait nul........... trace de peur, et nul........... sentiment.

4. Quel........... plaisir de respirer l'air frais ! Quel........... joie de sentir la caresse du soleil !

5. Depuis quelque........... temps, quelque........... oiseaux ont construit leur nid dans le cerisier.

COUP DE POUCE Lorsque *quelques* s'écrit avec un *s*, il signifie « plusieurs » ; lorsque *quelque* s'écrit sans *s*, il signifie « un certain ».

3 **Réécris les phrases en modifiant les groupes nominaux en gras selon les consignes entre parenthèses. Fais les accords et les modifications nécessaires.**

1. **Un diamant** (pluriel) reposait sur **un tissu de velours noir** (pluriel).

....

2. **Cet homme** (pluriel) me rappelait **mon frère** (pluriel).

....

3. **Ce touriste étranger** (féminin singulier) présente **sa valise** (pluriel) au douanier.

....

4. **Quel acteur extraordinaire !** (féminin pluriel)

....

4 **Complète les phrases avec ces déterminants.**
plusieurs • quelle • un • mille • leurs • quelques • différents • aucun • ce • ses

.... livre connut .... immense succès. .... exemplaires furent vendus en

seulement .... jours. .... réussite ! L'auteur fut invité dans .... émissions

de radio. .... journalistes de télévision le convièrent également mais il ne voulut

participer à .... débat télévisé. .... fidèles lecteurs ne manquèrent pas de

lui envoyer .... plus belles lettres d'admiration.

La dictée préparée

5 PREMIÈRE LECTURE Lis attentivement le texte de la dictée.

L'héritage dispersé

Félicité, une modeste servante, voue un respect total à sa maîtresse, Mme Aubain, et à ses enfants, Paul et Virginie. Mais Mme Aubain et Virginie décèdent.

Dix jours après, plusieurs héritiers arrivèrent. La bru[1] fouilla les tiroirs, choisit quelques meubles, vendit les autres. Le fauteuil de Madame, son guéridon[2], sa chaufferette[3], les huit chaises, étaient partis ! La place des gravures se dessinait en carrés jaunes au milieu des cloisons. Ils avaient emporté les deux couchettes, avec leurs matelas, et dans le placard on ne voyait plus rien de toutes les affaires de Virginie !

■ D'après Gustave Flaubert, *Un cœur simple*, 1877.

1. Bru : belle-fille. **2. Guéridon :** petite table ronde à un pied central. **3. Chaufferette :** petit appareil utilisé pour chauffer le corps à l'aide d'eau chaude ou de braise.

6 ACCORD DES DÉTERMINANTS Replace les déterminants au bon endroit.

le • la • les • son • sa • au • quelques • toutes les • des

.... bru fouilla .... tiroirs, choisit .... meubles. .... fauteuil de Madame, ... guéridon, ... chaufferette étaient partis ! La place .... gravures se dessinait .... milieu des cloisons. On ne voyait plus rien de .... affaires de Virginie !

> **ZOOM** Les déterminants *au* et *aux* sont des articles définis contractés mis pour *à + le* et *à + les*. Dans certains cas, *des* est un article défini contracté mis pour *de + les*.

7 ACCORD DU VERBE AVEC LE SUJET Complète le tableau à l'aide de la dictée (l. 1 à 3).

Sujet(s)	Verbe(s)
la bru	
	étaient partis

8 MOTS DIFFICILES Relis la dictée puis recopie sur une feuille ces mots difficiles.
héritiers • guéridon • chaufferette

9 DICTÉE Fais la dictée sur une feuille.   Tu peux l'écouter sur @))) www.bescherelle.com

> **AS-TU RÉUSSI ?** Évalue ta dictée en te reportant au corrigé p. VIII.
>
> Coche la case si tu as bien écrit :
> ☐ les déterminants surlignés en jaune, sinon refais l'exercice 4.
> ☐ les sujets et les verbes soulignés, sinon reporte-toi à la méthode 7 p. 30.
> ☐ les mots encadrés, sinon recopie-les sur une feuille.

La dictée non préparée

10 DICTÉE **Fais-toi dicter le texte intitulé «Une employée modèle» (p. VIII).**

Tu peux l'écouter sur www.bescherelle.com

Mots donnés : poli • indienne • camisole • aiguë

Une employée modèle

Félicité est la servante idéale aux yeux de ses employeurs.

■ D'après Gustave Flaubert, *Un cœur simple*, 1877.

11 RELIS-TOI **Prends garde aux points suivants.**

1. Il y a 4 déterminants numéraux cardinaux dans le texte. N'oublie pas qu'ils sont en général invariables mais que le nom qui les suit prend la marque du pluriel.

2. Parmi les 8 adjectifs et participes passés employés comme adjectifs du texte, vérifie que tu en as accordé 2 au féminin singulier et 2 au pluriel.

> **AS-TU RÉUSSI ? Évalue ta dictée en te reportant au corrigé p. VIII.**
>
> Coche la case si tu as bien écrit :
> ☐ les déterminants surlignés en jaune, sinon refais l'exercice 2.
> ☐ les adjectifs et participes passés surlignés en bleu, sinon reporte-toi à la méthode 10 p. 42.
> ☐ les mots encadrés, sinon recopie-les sur une feuille.

Quand faut-il accorder *tout* ?

La méthode

✳ Savoir dans quels cas *tout* s'accorde

● **Tout déterminant s'accorde en genre et en nombre** avec le nom, le GN ou le pronom qu'il précède. On peut le remplacer par *chaque*.

> *Tout <u>citoyen</u> a des droits et des devoirs.* [= Chaque citoyen a des droits et des devoirs.]
>
> *Tous <u>les jouets</u> sont prêts à être distribués.* [= Chaque jouet est prêt à être distribué.]
>
> *Ces pommes sont belles, mais toutes <u>celles-ci</u> sont gâtées.*

> **ZOOM** Dans certaines expressions comme *en tout cas, de toute façon, de toute manière, de tout temps*, **tout** est toujours au singulier.

● **Tout pronom s'accorde en genre et en nombre** avec le nom, le GN ou le pronom qu'il reprend. On peut le remplacer par *chacun*.

> <u>Les jouets</u> *sont bien empaquetés. Tous ont été soigneusement choisis.*
>
> [*Tous* est un pronom indéfini qui reprend le GN *les jouets*.]
> [= *Les jouets sont bien empaquetés. Chacun a été soigneusement choisi.*]

✳ Savoir dans quels cas *tout* est invariable

Tout adverbe est invariable, mais il s'accorde devant un adjectif féminin qui commence par une consonne ou un *h* aspiré. On peut le remplacer par *très* ou *entièrement*.

> *Ils sont tout <u>heureux</u> en pensant aux vacances. Elles sont tout <u>excitées</u> à cette idée.*
>
> **mais**
>
> *Elles sont toutes <u>contentes</u> de partir. Elle est toute <u>honteuse</u> en y pensant.*

Des exercices pour s'entraîner

1 **Entoure la (ou les) bonne(s) réponse(s).**

1. Tout / Tous les enfants sont venus voir le clown.

2. Elle est tout / toute fatiguée d'avoir autant dansé.

3. Tout / Tous le monde pense qu'il neigera demain.

4. Ils sont tout / tous contents en voyant leurs notes.

5. Il a mangé la pâtisserie tout / toute entière.

6. Tout / Tous sont venus prendre de ses nouvelles.

> **COUP DE POUCE** Dans l'une des phrases, les deux solutions sont possibles.

2 Relie les deux colonnes pour former des phrases.

1. On annonça que les concerts étaient •   • toutes le concert de Londres.

2. Les amateurs de rock furent •   • toutes les places.

3. Les stations de radio retransmirent •   • tous complets.

4. Les admiratrices du chanteur étaient •   • tout émues.

5. Les sites Internet vendirent •   • tout dépités.

COUP DE POUCE Pour bien associer les éléments des deux colonnes, fais attention au sens des phrases et au genre des sujets.

3 Complète le texte avec *tout, toute, tous* ou *toutes.*

Ce crime avait mis en émoi .... le quartier. .... s'accordaient sur le même point : le suspect était un parfait gentleman respecté de .... indice devait être porté à la police, ... personne ayant des informations devait se manifester. .... les agents du secteur étaient aux aguets, ... les ruelles étaient sous surveillance. La jeune fille avait été retrouvée .... tétanisée de peur. Elle se remettait difficilement de ce traumatisme encore .... récent.

4 Réécris les phrases en remplaçant les groupes nominaux en gras par les groupes nominaux entre parenthèses. Fais toutes les modifications nécessaires.

1. Tout **le quartier** était décoré à l'occasion des fêtes de Noël. (les rues)

....

2. **L'acteur** était tout angoissé avant la première représentation. (l'actrice)

....

3. **Les gens** se réjouissaient ; tous étaient soulagés. (les femmes)

....

4. Toute **la famille** attendait impatiemment les vacances d'été. (le monde)

....

5. **Le sportif**, tout fier de son exploit, brandit sa médaille devant les photographes. (les sportives)

....

6. Toutes **les maisons** seront rénovées. (les appartements)

....

La dictée préparée

5 PREMIÈRE LECTURE **Lis attentivement le texte de la dictée.**

L'emprise du Horla

Le narrateur a l'impression d'être possédé par son double maléfique, le Horla.

14 août. — Je suis perdu ! Quelqu'un possède mon âme et la gouverne ! quelqu'un ordonne tous mes actes, tous mes mouvements, toutes mes pensées. Je ne suis plus rien en moi, rien qu'un spectateur esclave et terrifié de toutes les choses que j'accomplis. Je désire sortir. Je ne peux pas. Il ne veut pas ; et je reste, éperdu, tremblant, dans le fauteuil où il me tient assis. Je désire seulement me lever, me soulever, afin de me croire encore maître de moi. Je ne peux pas !

▪ D'après Guy de Maupassant, *Le Horla*, 1887.

6 ACCORD DE *TOUT* **a.** *Tout* **apparaît 4 fois dans le texte sous différentes formes. Relève-les ainsi que les noms qu'elles précèdent.**

1. .... **3.** ....

2. .... **4.** ....

b. À quelle classe grammaticale appartiennent les 4 formes ?

☐ adverbe ☐ déterminant ☐ pronom

7 PRÉSENT DE L'INDICATIF **Conjugue les verbes entre parenthèses au présent de l'indicatif.**

Quelqu'un (posséder) .... mon âme et la (gouverner) .... !

Je (désirer) .... sortir. Je ne (pouvoir) .... pas. Il ne (vouloir)

.... pas ; et je (rester) ...., éperdu, tremblant, dans le fauteuil

où il me (tenir) .... assis.

> **COUP DE POUCE** *Quelqu'un* est un pronom indéfini masculin. Lorsqu'un verbe a pour sujet *quelqu'un*, il s'accorde à la 3e personne du singulier.

8 MOTS DIFFICILES **Relis la dictée puis recopie sur une feuille ces mots difficiles.**
âme • terrifié

9 DICTÉE **Fais la dictée sur une feuille.** Tu peux l'écouter sur @))) www.bescherelle.com

> **AS-TU RÉUSSI ? Évalue ta dictée en te reportant au corrigé p. VIII.**
>
> Coche la case si tu as bien écrit :
> ☐ les formes de *tout* surlignées en jaune, sinon refais l'exercice 1.
> ☐ les verbes surlignés en bleu, sinon reporte-toi à la méthode 1 p. 6.
> ☐ les mots encadrés, sinon recopie-les sur une feuille.

Corrigés
des exercices et dictées

1 Comment bien écrire un verbe au présent de l'indicatif ?

Les exercices

1 Liste des intrus : **1.** vient. **2.** offre. **3.** vaux.

2 **1.** Je skie ; mes amis savent. **2.** Les randonneurs parcourent et atteignent. **3.** Cette compagnie suspend ; qui continue. **4.** Nous commençons ; nous emménageons. **5.** Ils croient ; ils ont ; ils font.

3 **1.** Tu vas d'un pas rapide, tu ne perds pas de temps.
2. Ils se plaignent quand ils voient le travail à faire.
3. Tu l'appelles par son nom, mais elle te donne un surnom.

4

										10
	9		1	C	R	A	I	N	T	N
	2	R	E	N	I	E	N	T		A
		E								G
		P			3	A	I			E
	4	A	P	P	E	L	L	E	S	O
	5	R	E	C	E	V	O	N	S	N
		S					6		E	S
			7	R	E	N	O	U	E	
		8	E	N	T	E	N	D		

La dictée préparée

6

1re personne du singulier (7 verbes)	3e personne du singulier (4 verbes)
aime, puis, meurs, suis, peux, sais, sens	grouille, vit, dort, est

7 a. b. supplice : supplicié ; corporel : corps ; énervé : nerfs ; rompre : interrompues.

9 **Un homme seul**
J'aime tant être seul que je ne puis même supporter le voisinage d'autres êtres dormant sous mon toit. Je meurs moralement, et suis aussi supplicié dans mon corps et dans mes nerfs par cette immense foule qui grouille, qui vit autour de moi, même quand elle dort. Ah ! le sommeil des autres m'est plus pénible encore que leur parole. Et je ne peux jamais me reposer, quand je sais, quand je sens, derrière un mur, des existences interrompues par ces régulières éclipses de la raison.

La dictée non préparée

10 **La naissance d'un enfant**
Voici une jeune femme étendue. De temps en temps elle pousse un soupir, puis elle gémit ; et les vieux parents l'entourent, et voilà que d'elle sort un petit être miaulant comme un chat, et crispé, tout ridé. C'est un homme qui commence. Elle, la jeune mère, se sent douloureusement joyeuse ; elle étouffe de bonheur à ce premier cri, et tend les bras et suffoque et, autour on pleure avec délices ; car ce petit morceau de créature vivante séparé d'elle, c'est la famille continuée, la prolongation du sang, du cœur et de l'âme des vieux qui regardent, tout tremblants.

Commentaire des difficultés
(non traitées dans le chapitre)

▪ *une jeune femme* étendue ; *un petit être* crispé, ridé ; *ce petit morceau* séparé ; *la famille* continuée : les participes passés sont employés sans auxiliaire. Ils s'accordent donc en genre et en nombre avec le nom qu'ils qualifient.

▪ *tout* ridé ; *tout* tremblants : **tout** est ici adverbe, il est donc invariable.

▪ *ce* premier cri ; *ce* petit morceau : il s'agit du déterminant démonstratif *ce* car le mot est placé devant un groupe nominal.

2 Comment bien écrire un verbe au passé simple ?

Les exercices

1 **1.** prêtai. **2.** courut. **3.** revinrent. **4.** plut.

2 **1.** Je crus ; ils se présentèrent. **2.** Ils échangèrent ; puis reprirent. **3.** Nous vîmes ; nous eûmes. **4.** Ils obtinrent ; ils devinrent.

3 **1.** Mélissa et Noé vinrent m'aider. Ils m'indiquèrent des sentiers qui furent faciles à suivre.
2. Des détonations retentirent, des oiseaux s'envolèrent. Puis le calme et la paix revinrent.
3. Simon courut vers sa mère. Il l'embrassa avec émotion.
4. J'eus soudain une idée géniale. J'allai la mettre en pratique aussitôt.

4 *De haut en bas, à l'horizontale :* réfugia (3e pers. sing.), fut (3e pers. sing.), rejoignis (1re ou 2e pers. sing.), revis (1re ou 2e pers. sing.), soutint (3e pers. sing.)
De gauche à droite, à la verticale : reconnurent (3e pers. plur.), eûtes (2e pers. plur.), devînmes (1re pers. plur.), vécûmes (1re pers. plur.), crus (1re ou 2e pers. sing.).

G	M	I	R	E	H	A	P	L	U	V	K
O	R	E	F	U	G	I	A	B	D	E	T
C	E	S	G	T	R	H	J	D	A	C	N
M	C	H	B	E	Z	P	U	E	F	U	T
Y	O	V	O	S	A	J	G	V	F	M	C
L	N	G	S	N	U	D	Y	I	G	E	R
F	N	R	E	J	O	I	G	N	I	S	U
B	U	C	W	X	N	K	P	M	Z	F	S
J	R	E	V	I	S	V	O	E	Q	K	V
A	E	X	N	B	Y	A	L	S	H	N	M
M	N	B	U	F	H	S	N	O	E	H	Q
X	T	I	D	S	O	U	T	I	N	T	N

La dictée préparée

6

1er groupe (2 verbes)		me réveillai, chanta
2e groupe (1 verbe)		m'assoupis
3e groupe	Infinitifs en -*ir* ou en -*dre* (3 verbes)	pris, dormis, entendis
	Infinitif en -*aître* (1 verbe)	parut
	Composé de *venir* ou *tenir* (1 verbe)	redevint

7 cinq heures ; vingt minutes.

9 **Des bruits inquiétants**

Tout redevint tranquille. Je pris un livre pour changer le cours de mes idées. Je m'assoupis à la troisième page.

Je dormis mal et me réveillai plusieurs fois. Il pouvait être cinq heures du matin, et j'étais éveillé depuis plus de vingt minutes lorsque le coq chanta. Le jour allait se lever. Alors j'entendis distinctement les mêmes pas lourds, le même craquement de l'escalier que j'avais entendus avant de m'endormir. Cela me parut singulier.

La dictée non préparée

10 **Un crime incroyable**

Peu après, la porte s'ouvrit une seconde fois, et quelqu'un entra, qui dit : « Bonsoir, ma petite femme. » Bientôt après on tira les rideaux. Elle entendit un cri étouffé. La personne qui était dans le lit, à côté d'elle, se leva sur son séant et parut étendre les bras en avant. Elle tourna la tête alors... et vit, dit-elle, son mari à genoux auprès du lit, la tête à la hauteur de l'oreiller, entre les bras d'une espèce de géant verdâtre qui

l'étreignait avec force. À ce spectacle, elle perdit connaissance, et probablement depuis quelques instants elle avait perdu la raison.

Commentaire des difficultés
(non traitées dans le chapitre)

■ *une seconde fois* : *seconde* s'accorde avec *fois* car il s'agit d'un adjectif numéral ordinal.

■ *son séant* ; *son mari* : *son* est un déterminant possessif car il est placé devant un nom.

■ *probablement* : il s'agit d'un adverbe en -*ment* formé sur l'adjectif *probable*.

■ *était* ; *étreignait* : les verbes s'accordent avec le pronom relatif *qui* dont l'antécédent est *la personne* et *une espèce de géant verdâtre*.

■ *avait perdu* : le participe passé *perdu* ne s'accorde pas car il est employé avec l'auxiliaire *avoir*.

3 Comment ne pas confondre l'imparfait et le passé simple ?

Les exercices

1 1. me levais. 2. Je réalisai. 3. je rencontrai.

2 1. Chaque jour, j'entrais dans la boulangerie et je humais l'odeur du pain chaud.
2. Alors que je franchissais le pont, j'accrochai ma jupe à un fil de fer.
3. Je marchai sur quelques mètres puis je m'amusai à sautiller.
4. On chercha sa montre jusqu'au jour où on la retrouva sous un fauteuil.
5. Je dessinais depuis des années lorsque je me décidai à montrer mon travail.

3 1. je rentrais ; je bousculai. 2. Elle portait ; une broche dorée ornait. 3. Je l'observais ; je me rappelai. 4. vous accompagniez ; vous l'aidiez.

4

						6				
1	A	N	N	O	N	C	A	M	E	S
						O			8	
						U			A	
4		**5**				P			L	
A		D				A			L	
2	C	R	E	A	I	**3**	N	O	T	A	S
C		C				S			**7**		I
O		O							P		S
R		R							R		
D		A							I		
A		I							A		
		S							I		

La dictée préparée

6 a. b.

Verbes à l'imparfait (2 verbes)	Verbes au passé simple (6 verbes)
emportait (3e pers. sing.) prévenais (1re pers. sing.)	me levai (1re pers. sing.) secouai (1re pers. sing.) mis (1re pers. sing.) pris (1re pers. sing.) soufflai (1re pers. sing.) sortis (1re pers. sing.)

Attention à ne pas relever le plus-que-parfait avais trouvé *(auxiliaire* avoir *et participe passé du verbe* trouver*).*

7 chapelier : chapeau ; fusiller : fusil ; temporaire : temps ; crayon : crayonnée.

9 Un départ précipité

Je me levai ; je secouai la cendre de mon cigare. Puis, en homme de décision, je mis mon chapeau, ma houppelande et mes gants ; je pris ma valise et mon fusil ; je soufflai les bougies et je sortis. Trois quarts d'heure après, le convoi de la ligne de Bretagne m'emportait vers le petit village de Saint-Maur ; j'avais même trouvé le temps, à la gare, d'expédier une lettre crayonnée à la hâte, en laquelle je prévenais mon père de mon départ.

La dictée non préparée

10 Le cauchemar

Je fermai les yeux, pour ne pas voir cela. Oh ! je ne voulais pas voir cela ! Mais un oiseau de nuit, avec un cri affreux, passa entre nous et le vent de ses ailes, m'effleurant les paupières, me les fit rouvrir. Je sentis qu'il voletait par la chambre.
Alors, — et avec un râle d'angoisse, car les forces me trahissaient pour crier, — je repoussai la porte de mes deux mains crispées et étendues et je donnai un violent tour de clef, frénétique et les cheveux dressés !
Chose singulière, il me sembla que tout cela ne faisait aucun bruit.
C'était plus que l'organisme n'en pouvait supporter. Je m'éveillai.

Commentaire des difficultés
(non traitées dans le chapitre)

■ m'effleur*ant* : le participe présent ne s'accorde pas et s'écrit toujours –ant.
■ mais et mes : il ne faut pas confondre mais, conjonction de coordination (que l'on peut remplacer par et puis), et mes, déterminant possessif qui précède un nom ou un groupe nominal.
■ un cri affreux [...] me les fit rouvrir ; les forces me trahissaient ; il me sembla : attention à bien repérer le sujet (souligné) qui est séparé du verbe par des pronoms COD ou COI.

■ crier ; supporter : le verbe crier est à l'infinitif car il est précédé d'une préposition, le verbe supporter est à l'infinitif car il suit un premier verbe conjugué qui n'est pas un auxiliaire.

4 Comment ne pas confondre le futur de l'indicatif et le conditionnel présent ?

Les exercices

1 1. Je souhaiterais. 2. Tu aimerais. 3. Je viendrai. 4. Ils seraient heureux. 5. Je préférerais. 6. Vous ne connaîtriez pas.

2 1. Je voudrais. 2. je viendrais. 3. Vous les verrez. 4. Je ferai. 5. Nous aimerions. 6. Pourrais-je.
On distinguera le futur qui exprime une certitude sur la réalisation de faits à venir (phrases 3 et 4) du conditionnel qui exprime un souhait (phrases 1 et 5), une hypothèse non réalisable (phrase 2) ou une demande polie (phrase 6).

3 1. Je visiterai Chartres et je me promènerai dans ses rues médiévales.
2. Vous viendriez le 18 décembre et vous repartiriez le 3 janvier.
3. S'il faisait beau, j'irais me promener.
4. Nous choisirons les jouets puis nous vous les enverrons par la poste.

4 1. iras. 2. seriez. 3. devrais. 4. prendrais. 5. ferons. 6. enverrai. 7. pourrais.

La dictée préparée

6 *Je voudrais* : conditionnel ; *je ne reviendrai plus jamais* : futur.

7 Les deux interlocuteurs du texte : Lullaby et la Directrice. Formes verbales : *j'étais cachée* et *je vais être obligée.*

9 Lullaby chez la directrice d'école

— Je voudrais voir... M. Filippi..., dit enfin Lullaby.
— Vous le verrez plus tard, vous le verrez, dit la Directrice. Mais il faut que vous me disiez enfin la vérité, où vous étiez.
— Je vous ai dit, je regardais la mer, j'étais cachée dans les rochers et je regardais la mer.
— Si vous ne voulez pas me dire avec qui vous étiez, je vais être obligée d'écrire à vos parents. Votre père...
Le cœur de Lullaby se mit à battre très fort.
— Si vous faites cela, je ne reviendrai plus jamais ici !

La dictée non préparée

10 La lettre de Lullaby

Bonjour cher Ppa.
Il fait beau aujourd'hui, le ciel est comme j'aime très très bleu. Je voudrais bien que tu sois là pour

voir le ciel. La mer aussi est très très bleue. Bientôt ce sera l'hiver. C'est une autre année très longue qui commence. J'espère que tu pourras venir bientôt parce que je ne sais pas si le ciel et la mer vont pouvoir t'attendre longtemps. Je voudrais bien fermer les yeux et quand je les rouvrirais ce serait à nouveau comme à Istanbul. Tu te souviens ? Tu avais acheté deux bouquets de fleurs, un pour moi et un pour sœur Laurence.

Commentaire des difficultés
(non traitées dans le chapitre)

■ *cher Ppa* : attention à l'accord de *cher* qui s'accorde avec *Ppa* au masculin singulier.

■ *le ciel est [...] très très bleu* ; *la mer [...] est très très bleue* : l'adjectif de couleur est attribut du sujet et s'accorde donc avec le sujet (souligné) au masculin ou au féminin.

■ *fermer* : le verbe est à l'infinitif car il précédé d'un verbe conjugué qui n'est pas un auxiliaire (*voudrais*).

■ *avais acheté* : le participe passé *acheté* ne s'accorde pas car il est employé avec l'auxiliaire *avoir*.

■ *fleurs* : le mot *fleurs* prend un *s* car un bouquet comporte plusieurs fleurs.

5 Comment bien écrire un verbe au subjonctif présent ?

Les exercices

1 1. prenions. 2. aies. 3. rangiez. 4. craigne. 5. fasse.

2 1. tu viennes. 2. nous sachions. 3. vous vous rendiez compte. 4. elle le boive. 5. j'aille.

3 1. J'aimerais qu'ils soient contents de me voir.
2. Je doute que tu deviennes un célèbre chanteur.
3. Il faut que nous fassions bientôt une halte.
4. Je voudrais que tu plaises à ma mère.

4

La dictée préparée

6 *égorge* (égorger) ; *fasse* (faire) ; *mette* (mettre) ; *pende* (pendre).

7 Qu'on me lui fasse griller les pieds.
Qui ? Celui qui m'a dérobé ?
Je parle d'un cochon de lait que votre intendant me vient d'envoyer, et je veux vous l'accommoder à ma fantaisie.

9 Un quiproquo amusant

MAÎTRE JACQUES. — Je m'en vais revenir. Qu'on me l'égorge tout à l'heure ; qu'on me lui fasse griller les pieds ; qu'on me le mette dans l'eau bouillante, et qu'on me le pende au plancher.
HARPAGON. — Qui ? Celui qui m'a dérobé ?
MAÎTRE JACQUES. — Je parle d'un cochon de lait que votre intendant me vient d'envoyer, et je veux vous l'accommoder à ma fantaisie.
HARPAGON. — Il n'est pas question de cela.

La dictée non préparée

10 Une épouse insoumise

ANGÉLIQUE. — Comment, parce qu'un homme s'avise de nous épouser, il faut d'abord que toutes choses soient finies pour nous, et que nous rompions tout commerce avec les vivants ? C'est une chose merveilleuse que cette tyrannie de Messieurs les maris, et je les trouve bons de vouloir qu'on soit morte à tous les divertissements, et qu'on ne vive que pour eux. Je me moque de cela, et ne veux point mourir si jeune.

Commentaire des difficultés
(non traitées dans le chapitre)

■ *épouser* : le verbe est à l'infinitif car il est précédé de la préposition *de*.

■ *toutes choses soient finies* ; *on soit morte* : les participes passés s'accordent avec les sujets (soulignés) car ils sont employés avec l'auxiliaire *être*.

■ *vivants* : le mot porte un *s* car c'est un nom précédé du déterminant *les* (et non un participe présent).

■ *c'est* : il s'agit du pronom *c'* et du verbe *être*, à ne pas confondre avec *s'est*. Il peut être remplacé par *c'était*.

■ *je les trouve* ; *[Je] ne veux* : attention à bien repérer le sujet qui est éloigné du verbe.

6 Comment bien écrire un verbe à un temps composé de l'indicatif ?

Les exercices

1 1. aller : être. **2.** rencontrer : avoir. **3.** faire : avoir. **4.** se lever : être. **5.** devenir : être. **6.** croire : avoir.

2

préparer, 3ᵉ pers. plur. futur antérieur	ils/elles auront préparé
permettre, 2ᵉ pers. plur. plus-que-parfait	vous aviez permis
entrer, 2ᵉ pers. sing. passé antérieur	tu fus entré(e)
connaître, 1ʳᵉ pers. sing. plus-que-parfait	j'avais connu
pleuvoir, 3ᵉ pers. sing. passé composé	il a plu
s'asseoir, 1ʳᵉ pers. plur. futur antérieur	nous nous serons assis(es)

3 1. Les alpinistes ont atteint. **2.** Les ingénieurs ont conçu. **3.** La majorité des gens était arrivée/ étaient arrivés. **4.** Le voyage en Allemagne avait eu lieu ; les troisièmes avaient déjà passé.
Pour la phrase 3, deux accords sont possibles : avec le nom collectif la majorité *ou avec le complément du nom* des gens.

4 1. Longtemps mes parents ont vécu dans le Sud. / Mes parents ont longtemps vécu dans le Sud.
2. Iris avait été admise dans cette école.
3. Elle se couchera quand elle aura regardé le film en entier. / Quand elle aura regardé le film en entier, elle se couchera.
4. Lorsqu'il eut fini de raconter son histoire je pus enfin parler. / Je pus enfin parler lorsqu'il eut fini de raconter son histoire. / Je pus parler lorsqu'il eut enfin fini de raconter son histoire.

La dictée préparée

6

Sujet	Verbe	Temps du verbe
elle	*a duré*	*passé composé*
je	suis resté	passé composé
j'	ai renouvelé	passé composé
j'	avais fait	plus-que-parfait
vous	aviez épousé	plus-que-parfait
mon père	était mort	plus-que-parfait

7 arrêter : arrestation ; cacher : cachot ; venger : vengeance ; dénoncer : dénonciateur.

9 **La révélation du complot**
Mais ce que vous ne savez pas, madame, c'est le temps qu'elle a duré, cette arrestation. Ce que vous ne savez pas, c'est que je suis resté quatorze

ans à un quart de lieue de vous, dans un cachot du château d'If. Chaque jour de ces quatorze ans j'ai renouvelé le vœu de vengeance que j'avais fait le premier jour, et cependant j'ignorais que vous aviez épousé Fernand, mon dénonciateur, et que mon père était mort, et mort de faim !

La dictée non préparée

10 **Les révélations de Valentine**
Le lendemain, aux premiers rayons du jour, Morrel et Valentine se promenaient au bras l'un de l'autre sur le rivage, Valentine racontant à Morrel comment Monte-Cristo était apparu dans sa chambre, comment il lui avait tout dévoilé, et enfin comment il l'avait miraculeusement sauvée de la mort, tout en laissant croire qu'elle était morte. Ils avaient trouvé ouverte la porte de la grotte, et ils étaient sortis ; le ciel laissait luire dans son azur matinal les dernières étoiles de la nuit.

Commentaire des difficultés
(non traitées dans le chapitre)

■ *aux* premiers *rayons* ; *au* bras *l'un de l'autre* : le déterminant contracté *aux* (= à + *les*) s'accorde avec le nom *rayons* au masculin pluriel. L'expression *au bras de quelqu'un* est en revanche toujours au singulier.

■ *ouverte* la *porte* : le participe passé *ouverte* s'accorde avec le nom *porte* qu'il qualifie, même si le nom est placé après le participe.

■ *Valentine* racontant ; *en* laissant *croire* : le participe présent et le gérondif sont invariables. Ils finissent toujours par *-ant*.

7 Comment accorder le verbe avec son sujet ?

Les exercices

1 1. Tom et moi voulons. **2.** aucun n'a réussi.
3. C'est toi qui vas lui annoncer.

2 1. Ces boutiques ouvrent à 10 heures du matin.
2. Marie et toi avez écouté les dernières informations.
3. Tous les passionnés assisteront à la finale du tournoi de tennis.

3 Dans le magasin que contemplent les passants, Mouret, le grand patron, prépare la nouvelle collection. La foule s'amoncelle devant les vitrines qui regorgent de nouveautés. La plupart des gens ne peuvent pas s'offrir les merveilles présentées, mais tous en rêvent. Aucune vendeuse ne sait encore à quel point sa tâche sera rude.

4

Crossword grid:
- 1 horizontal: CHERCHONS
- 3 vertical: ELLON...
- 5 vertical: ETONNANT
- 6 vertical: CHONNAISSENT
- 7 vertical: IRR...
- 8 vertical: SALUERENT
- 2 horizontal: TRAMENE
- 4 vertical: PATARLERA

(Grille de mots croisés)

La dictée préparée

6

Verbe(s)	Sujet
se colorait	*son visage*
renaissait et grandissait	la foi
emplissait	le flot de monde (qui)
était	*c'*
avait désespéré	il
se trouvaient	tous les commis
venait (de sonner)	un dernier coup de cloche
pouvait être réparée	la désastreuse matinée

7 la poussée attendue ; la désastreuse matinée due ; une averse tombée.

9 **La ruée vers les soldes**
Son visage se colorait, la foi renaissait et le grandissait, devant le flot de monde qui, peu à peu, emplissait le magasin. C'était enfin la poussée attendue, l'écrasement de l'après-midi, dont il avait un instant désespéré, dans sa fièvre ; tous les commis se trouvaient à leur poste, un dernier coup de cloche venait de sonner la fin de la troisième table ; la désastreuse matinée, due sans doute à une averse tombée vers neuf heures, pouvait encore être réparée.

La dictée non préparée

10 **La cantine du magasin**
Depuis quelque temps, les plaintes des employés devenaient telles que la direction affectait de descendre juger par elle-même la qualité de la nourriture. Le matin encore, chaque rayon avait délégué un vendeur, Mignot et Liénard s'étaient chargés de parler au nom de leurs camarades.

Aussi, dans le brusque silence, les oreilles se tendirent, on écouta des voix qui sortaient de la salle voisine, où Mouret et Bourdoncle venaient d'entrer. Celui-ci déclarait le bœuf excellent ; et Mignot, suffoqué par cette affirmation tranquille, répétait : « Mâchez-le, pour voir ».

Commentaire des difficultés
(non traitées dans le chapitre)

■ *quelqu*e *temps* : c'est une expression au singulier, donc le déterminant *quelque* ne prend pas de *s*.

■ *les plaintes des employés devenaient telles que* : dans la locution conjonctive *telles que*, *telles* est un adjectif attribut du sujet *les plaintes des employés*. Il s'accorde donc au féminin pluriel avec le nom *plaintes*.

■ *au nom de leurs camarades* : l'expression *au nom de* est toujours au singulier puisque chaque personne n'a qu'un nom.

■ *où Mouret et Bourdoncle venaient d'entrer* : il ne faut pas oublier l'accent grave sur le pronom relatif *où* pour le distinguer de la conjonction de coordination *ou*.

8 ## Comment accorder les déterminants ?

Les exercices

1 1. nulle envie. 2. Différents points de vue. 3. Cet anniversaire. 4. Ces chaussures. 5. Diverses manifestations.

2 1. Certains animaux ; certaines nuits. 2. cette vieille maison ; Cet endroit. 3. nulle trace ; nul sentiment. 4. Quel plaisir ; Quelle joie. 5. quelque temps ; quelques oiseaux.

3 1. Des diamants reposaient sur des tissus de velours noir.
2. Ces hommes me rappelaient mes frères.
3. Cette touriste étrangère présente ses valises au douanier.
4. Quelles actrices extraordinaires !

4 Ce livre connut un immense succès. Mille exemplaires furent vendus en seulement quelques jours. Quelle réussite ! L'auteur fut invité dans plusieurs émissions de radio. Différents journalistes de télévision le convièrent également mais il ne voulut participer à aucun débat télévisé. Ses fidèles lecteurs ne manquèrent pas de lui envoyer leurs plus belles lettres d'admiration.

La dictée préparée

6 La bru fouilla les tiroirs, choisit quelques meubles. Le fauteuil de Madame, son guéridon, sa chaufferette étaient partis ! La place des gravures se dessinait au milieu des cloisons. On ne voyait plus rien de toutes les affaires de Virginie !

7

Sujet(s)	Verbe(s)
plusieurs héritiers	arrivèrent
la bru	fouilla choisit vendit
le fauteuil de Madame, son guéridon, sa chaufferette, les huit chaises	*étaient partis*

9 **L'héritage dispersé**

Dix jours après, plusieurs héritiers arrivèrent. La bru fouilla les tiroirs, choisit quelques meubles, vendit les autres. Le fauteuil de Madame, son guéridon, sa chaufferette, les huit chaises, étaient partis ! La place des gravures se dessinait en carrés jaunes au milieu des cloisons. Ils avaient emporté les deux couchettes, avec leurs matelas, et dans le placard on ne voyait plus rien de toutes les affaires de Virginie !

La dictée non préparée

10 **Une employée modèle**

Quant à la propreté, le poli de ses casseroles faisait le désespoir des autres servantes. Économe, elle mangeait avec lenteur, et recueillait du doigt sur la table les miettes de son pain, un pain de douze livres, cuit exprès pour elle, et qui durait vingt jours. En toute saison elle portait un mouchoir d'indienne fixé dans le dos par une épingle, un bonnet lui cachant les cheveux, des bas gris, un jupon rouge, et par-dessus sa camisole un tablier à bavette, comme les infirmières d'hôpital. Son visage était maigre et sa voix aiguë. À vingt-cinq ans, on lui en donnait quarante ; dès la cinquantaine, elle ne marqua plus aucun âge.

Commentaire des difficultés
(non traitées dans le chapitre)

■ *quant à la propreté* : attention à ne pas confondre *quant* avec *quand*. *Quant à* est une locution prépositionnelle suivie d'un groupe nominal et signifie « en ce qui concerne ».

■ *propreté ; lenteur* : les noms féminins qui se terminent par *-té* (sauf quelques exceptions dont *dictée*) et par *-eur* ne prennent pas de *e* final.

■ *le poli de ses casseroles faisait ; on lui en donnait* : attention à bien repérer le sujet (souligné) qui est séparé du verbe par un complément du nom ou des compléments d'objet.

■ *en toute saison* : l'expression est au féminin singulier car elle peut être remplacée par *à chaque saison*. On tolérera cependant le pluriel *en toutes saisons*, si l'accord est fait sur le déterminant et le nom.

■ *cachant* : il s'agit d'un participe présent, il est donc invariable et s'écrit toujours *-ant*.

9 **Quand faut-il accorder *tout* ?**

Les exercices

1 1. Tous les enfants. 2. toute fatiguée. 3. Tout le monde. 4. tout / tous contents. 5. tout entière. 6. Tous sont venus.
Dans la phrase 4, tout contents *signifie « très contents » ;* tous contents *est un effet d'insistance sur le sujet* ils.

2 1. On annonça que les concerts étaient tous complets.
2. Les amateurs de rock furent tout dépités.
3. Les stations de radio retransmirent toutes le concert de Londres.
4. Les admiratrices du chanteur étaient tout émues.
5. Les sites Internet vendirent toutes les places.

3 tout le quartier ; Tous s'accordaient ; un gentleman respecté de tous ; Tout indice ; toute personne ; Tous les agents ; toutes les ruelles ; toute tétanisée ; ce traumatisme encore tout récent.

4 1. Toutes les rues étaient décorées à l'occasion des fêtes de Noël.
2. L'actrice était tout angoissée avant la première représentation.
3. Les femmes se réjouissaient ; toutes étaient soulagées.
4. Tout le monde attendait impatiemment les vacances d'été.
5. Les sportives, toutes fières de leur exploit, brandirent leur médaille devant les photographes.
6. Tous les appartements seront rénovés.

La dictée préparée

6 a. 1. tous mes actes. 2. tous mes mouvements. 3. toutes mes pensées. 4. toutes les choses.
b. Il s'agit de déterminants.

7 Quelqu'un possède mon âme et la gouverne ! Je désire sortir. Je ne peux pas. Il ne veut pas ; et je reste, éperdu, tremblant, dans le fauteuil où il me tient assis.

9 **L'emprise du Horla**

14 août. – Je suis perdu ! Quelqu'un possède mon âme et la gouverne ! quelqu'un ordonne tous mes actes, tous mes mouvements, toutes mes pensées. Je ne suis plus rien en moi, rien qu'un spectateur esclave et terrifié de toutes les choses que j'accomplis. Je désire sortir. Je ne peux pas. Il ne veut pas ; et je reste, éperdu, tremblant, dans le fauteuil où il me tient assis. Je désire seulement me lever, me soulever, afin de me croire encore maître de moi. Je ne peux pas !

La dictée non préparée

10 Le réveil des morts

Et je m'aperçus, en me retournant, que **toutes** les tombes étaient ouvertes, que **tous** les cadavres en **étaient sortis**, que **tous** avaient effacé les mensonges inscrits par les parents sur la pierre funéraire, pour y rétablir la vérité.

Et je voyais que **tous** avaient été les ⎡bourreaux⎤ de leurs proches, qu'ils **avaient volé, trompé, accompli tous** les actes honteux, **tous** les actes abominables, ces bons pères, ces épouses fidèles, ces fils dévoués, ces jeunes filles chastes, ces commerçants probes, ces hommes et ces femmes dits ⎡irréprochables⎤.

Commentaire des difficultés
(non traitées dans le chapitre)

■ *y* : c'est un pronom adverbial qui remplace *la pierre funéraire* (cela signifie « pour rétablir la vérité sur la pierre funéraire »).

■ *leurs* proches : il y a plusieurs *proches*, d'où la marque de pluriel à *leurs*.

■ *ces bons pères, ces épouses fidèles, ces fils dévoués, ces jeunes filles chastes, ces commerçants probes, ces hommes et ces femmes* : attention à ne pas confondre le déterminant démonstratif *ces* avec le déterminant possessif *ses*. Le narrateur désigne ici les cadavres qu'il voit dans le cimetière, d'où l'emploi du démonstratif. On remarquera l'accord des adjectifs (soulignés) avec les noms.

■ *ces hommes et ces femmes dits irréprochables* : le participe passé *dits*, employé comme adjectif, se rapporte à plusieurs noms de genres différents et s'accorde donc au masculin pluriel.

10 Comment accorder un adjectif qualificatif ?

Les exercices

1 1. à la chevelure rousse ; les joues toutes roses. 2. Rapide grâce à ses grandes jambes. 3. un vieil homme ; personnalité discrète.

2 1. une fille superbe. 2. un incident banal. 3. des vestes orange. 4. des remarques indiscrètes.

3 1. Il savoura une boisson fraîche après avoir fait une longue promenade.
2. Elle avait des yeux glacials avec de belles prunelles vert émeraude.
3. Une saison rigoureuse a remplacé l'automne. Claire devra être attentive aux routes verglacées devant chez elle.
4. Ses épaules blanches et ses joues ivoire contrastaient avec ses cheveux noir corbeau.

4

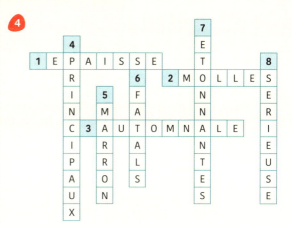

La dictée préparée

6 Clarimonde est assez grande. Son front paraît large et serein. Ses arcs de cils sont bruns. Ses yeux d'une vivacité et d'un éclat insoutenables troublent Romuald. Elle a des prunelles vert de mer.

7

Verbe	Sujet
était	*elle*
se séparaient	ses cheveux
coulaient	ses cheveux
aurait dit	on
s'étendait	son front
ajoutait	singularité (qui)

9 L'apparition

Elle était assez **grande**, avec une taille et un ⎡port⎤ de ⎡déesse⎤ ; ses cheveux, d'un blond **doux**, se séparaient sur le haut de sa tête et coulaient sur ses ⎡tempes⎤ comme deux fleuves d'or ; on aurait dit une reine avec son diadème ; son front, d'une blancheur **bleuâtre** et **transparente**, s'étendait large et ⎡serein⎤ sur les arcs de deux cils presque **bruns**, singularité qui ajoutait encore à l'effet de prunelles **vert de mer** d'une vivacité et d'un éclat **insoutenables**.

La dictée non préparée

10 L'élixir du vampire

Ses yeux **s'éclairèrent**, sa physionomie **prit** une expression de joie **féroce** et **sauvage** que je ne lui avais jamais vue. Elle **sauta** à bas du lit avec une agilité **animale**, une agilité de singe ou de chat, et **se précipita** sur ma blessure qu'elle **se mit** à sucer avec un air d'**indicible** volupté. La ⎡pupille⎤ de ses ⎡prunelles⎤ **vertes** était devenue **oblongue** au lieu de **ronde**. Quand elle **vit** que le sang ne venait plus, elle **se releva** l'œil **humide** et **brillant**, plus **rose** qu'une ⎡aurore⎤ de mai, la figure **pleine**, la main **tiède** et **moite**, enfin plus **belle** que jamais et dans un état **parfait** de santé.

Commentaire des difficultés
(non traitées dans le chapitre)

■ *ses yeux* ; *ses prunelles* : le déterminant *ses* indique la possession (ce sont des parties du corps de Clarimonde). À ne pas confondre avec le démonstratif *ces*.

■ *que je ne lui avais jamais vue* : l'auxiliaire *avais* s'accorde bien avec le sujet *je* et non avec le COI *lui*. Le participe passé *vue* s'accorde avec le pronom COD *que* (mis pour *une expression de joie [...]*) car il est placé avant le verbe.

■ *qu'elle se mit à sucer* : le pronom relatif *que* (qui reprend *ma blessure*) est suivi du pronom *elle*. À ne pas confondre avec le déterminant interrogatif ou exclamatif *quel/quelle* qui serait suivi d'un nom.

■ *La pupille de ses prunelles vertes était devenue oblongue* : attention à bien repérer le nom noyau du sujet, *pupille*, qui est éloigné du verbe.

11 Comment accorder le participe passé employé avec l'auxiliaire *être* ?

Les exercices

1 1. sont venus. 2. étaient peints ; étaient recouverts. 3. sont invitées ; a été organisée.

2 1. se sont joints. 2. ont été sollicités. 3. sont venus. 4. s'est bien passée ; a été appréciée. 5. avaient été faits ; était envisagée.

3 1. Les bandits avaient été interpellés mais ils s'étaient enfuis dans la forêt.
2. Ces films ont été projetés hier, Katy et Mathilde ont été séduites par l'intrigue.
3. Élodie et Jessica sont parties à huit heures et elles sont arrivées en retard.
4. Ils étaient vêtus de larges manteaux qui n'avaient jamais été rapiécés.

4 Ma sœur [...] est arrivée ; J'ai été pris au dépourvu ; l'appartement a été réorganisé ; Emma et Stella n'étaient pas venues ; Nous sommes sortis ; Nous sommes allés ; nous nous sommes beaucoup promenés ; Tout le monde s'est bien amusé.

La dictée préparée

6 Chaque fenêtre était faite de verres colorés. La seconde pièce était ornée et tendue de pourpre. La quatrième était éclairée par une fenêtre orangée.

7 *pourpres (carreaux)* • verte (troisième) • vertes (fenêtres) • orangée (fenêtre) • blanche (cinquième) • violette (sixième) • noir (velours)

9 Une abbaye singulière
Chaque fenêtre était faite de verres colorés en harmonie avec le ton dominant. Celle qui occupait l'extrémité orientale, par exemple, était tendue de bleu,– et les fenêtres étaient d'un bleu profond. La seconde pièce était ornée et tendue de pourpre, et les carreaux étaient pourpres. La troisième, entièrement verte, et vertes les fenêtres. La quatrième, décorée d'orange, était éclairée par une fenêtre orangée, — la cinquième, blanche,– la sixième, violette. La septième salle était rigoureusement ensevelie de tentures de velours noir.

La dictée non préparée

10 À la recherche d'indices
Il n'y avait qu'un lit, les matelas en avaient été arrachés et jetés au milieu du parquet. Sur une chaise, on trouva un rasoir mouillé de sang ; dans l'âtre, trois longues et fortes boucles de cheveux gris, qui semblaient avoir été violemment arrachées avec leurs racines. Dans un coin, les tiroirs d'une commode étaient ouverts et avaient sans doute été mis au pillage, bien qu'on y ait trouvé plusieurs articles intacts. Un petit coffret de fer fut trouvé sous la literie (non pas sous le bois de lit) ; il était ouvert, avec la clef dans la serrure.

Commentaire des difficultés
(non traitées dans le chapitre)

■ *Il n'y avait qu'un lit* : on ne confondra pas *n'y*, adverbe de négation *ne* et pronom adverbial *y* qui fait partie de la locution verbale *il y avait*, avec la conjonction de coordination *ni*.

■ *on y ait trouvé* : il s'agit du verbe *trouver* conjugué au subjonctif passé. Il est formé de *ait*, auxiliaire *avoir* au subjonctif présent (à ne pas confondre avec *est*) et du participe passé *trouvé*. Le subjonctif est employé après la locution conjonctive *bien que*.

■ *trois longues et fortes boucles de cheveux gris qui semblaient* ; *les tiroirs d'une commode étaient ouverts* : attention à bien accorder les verbes à la 3e personne du pluriel avec leurs sujets (soulignés).

■ *leurs racines* : il y a plusieurs cheveux donc plusieurs racines, on n'oubliera donc pas de mettre au pluriel le nom *racines* et le déterminant possessif *leurs*.

12 Comment accorder le participe passé employé avec l'auxiliaire *avoir* ?

Les exercices

1 1. Les voitures ont tourné. 2. Quels cadeaux as-tu offerts. 3. Une foule de personnes ont vécu. 4. Les livres que Lola et Roxane ont choisis ont reçu.

2 1. Les enfants auront passé. 2. j'en ai acheté.
3. Les journalistes ont posé ; qu'ils avaient préparées. 4. Les épisodes que j'ai vus m'ont bien plu. 5. Le postier ne nous a pas donné ; celle qu'il nous a remise.

3 1. Les projets que Gabriel a présentés ont mécontenté ses collègues.
2. Laura et Jérémie n'ont pas compté les sommes qu'ils ont dépensées pour la sortie.
3. Lucas et Chloé ont commandé une boisson qu'ils n'ont pas bue.
4. Stéphane et Anne ont pris une photographie de la tour Eiffel et l'ont montrée à leurs parents.

4 1. Les citrons/les agrumes…, les as-tu pressés… ? (COD au masc. plur.)
2. La fillette/l'alpiniste… que Nicolas a secourue… (COD au fém. sing.)
3. Quel sport/Quel loisir… as-tu déjà pratiqué ? (COD au masc. sing.)
4. Cette nouvelle/Cette aventure…, je l'ai lue… (COD au fém. sing.)
5. Quelles erreurs/Quelles maladresses… ai-je commises ? (COD au fém. plur.)
6. Cette mission/Cette confidence…, pourquoi l'avoir révélée… ? (COD au fém. sing.)

La dictée préparée

6 a. 11 participes employés avec l'auxiliaire *avoir* : *cueilli, réduites, bu, jeté, cassé, laissé, fumé, jeté, réfléchi, décidé, emprunté.*
b. *réduites* est au féminin pluriel car il s'accorde avec le pronom personnel COD *les* qui reprend *des fleurs sauvages.*

7 Il avait cueilli des fleurs sauvages. • Il avait jeté la boîte écrasée. • Il avait jeté le mégot incandescent dans les herbes hautes.

9 Une campagne inquiétante
En s'éloignant de Pye Hall, il avait cueilli des fleurs sauvages et les avait réduites en miettes.
Il avait bu un Coca et jeté la boite écrasée au milieu d'un parterre de boutons d'or. Il avait à moitié cassé la branche d'un pommier et l'avait laissé pendre au vent. Il avait fumé une cigarette et jeté le mégot incandescent dans les herbes hautes. Ses pieds s'enfonçaient et l'eau recouvrait ses chaussures et trempait ses chaussettes. Grimaçant Gary avait réfléchi un instant et décidé de rebrousser chemin…
Seulement voilà, le chemin qu'il avait emprunté n'était plus là.

La dictée non préparée

10 Une cachette incertaine
Juste au moment où je m'apprêtais à repousser l'échelle, j'ai entendu du bruit vers la porte d'entrée. J'ai retenu mon souffle. Pas de panique. Ils ne peuvent pas entrer. Je me suis souvenu de ce que saint Pierre m'avait dit au sujet de la clé et j'ai mis la main dans ma poche pour vérifier que je l'avais toujours sur moi. Non. Je l'avais laissée sur la porte. Je l'ai entendu tourner dans la serrure. J'ai regrimpé l'échelle en quatrième vitesse et je l'ai repliée derrière moi. Au moment où je me penchais pour refermer la trappe, j'ai entendu des pas dans l'escalier.

Commentaire des difficultés
(non traitées dans le chapitre)
▪ *Juste au moment où* ; *au moment où* : ne pas oublier l'accent sur *où* afin de le distinguer de la conjonction de coordination *ou*.
▪ *Juste au moment où je m'apprêtais* ; *au moment où je me penchais* : les verbes présentent la terminaison *-ais* de l'imparfait (à ne pas confondre avec la terminaison *-ai* du passé simple) car ils indiquent des actions de second plan.
▪ *saint Pierre m'avait dit* ; *je l'avais toujours sur moi* ; *je l'avais laissée* : attention à bien repérer le sujet (souligné), séparé du verbe par des pronoms COD ou COI.
▪ *clé* : peut aussi s'écrire *clef*.
▪ *et j'ai mis la main* ; *et je l'ai repliée* : ne pas confondre la conjonction de coordination *et*, qui peut être remplacée par *et puis*, avec *est*.

13 Les formes en -*ant* : adjectif verbal ou participe présent ?

Les exercices

1 1. en la reposant. 2. provoquant un embouteillage. 3. jaillissant de sa boîte. 4. en naviguant.

2 1. Cette émission connaît une gloire retentissante. 2. Les hommes ignorants sont à plaindre. 3. Négligentes, les filles partirent à l'école sans leur cartable. 4. Les comédiennes, hésitantes, s'avancent sur la scène.

3 1. très convaincant. 2. L'exercice précédant celui-ci. 3. Ce comportement provocant. 4. émergeant du brouillard.

4 1. En zigzaguant. 2. Les vitamines fortifiantes. 3. Influant sur l'assemblée. 4. Prévoyant une averse. 5. En suivant ce chemin. 6. Nicolas et sa sœur, prévoyants. 7. C'est un homme influent.

6 a. *en tremblant*, *fixant*, *brûlante*.

b. *brûlante* est un adjectif verbal qui s'accorde avec le pronom *elle* qui désigne *Lisabeta*.

7 Lisabeta le revit [...]. Elle eut peur et s'assit [...]. [...], elle courut [...]. Aussitôt elle se retira.

9 La naissance de l'amour

Deux jours après, elle le revit planté droit devant la porte, la figure à demi cachée par un collet de fourrure , mais ses yeux noirs étincelaient sous son chapeau. Lisabeta eut peur sans trop savoir pourquoi, et s'assit en tremblant dans la voiture. De retour à la maison, elle courut à la fenêtre avec un battement de cœur ; l'officier était à sa place habituelle, fixant sur elle un regard ardent . Aussitôt elle se retira, mais brûlante de curiosité et en proie à un sentiment qu'elle éprouvait pour la première fois.

10 Un homme sans cœur

Elle l'écouta avec épouvante. Ainsi, ces lettres si passionnées , ces expressions brûlantes, cette poursuite si hardie, si obstinée, tout cela, l'amour ne l'avait pas inspiré. L'argent seul, voilà ce qui enflammait son âme . Hermann la regardait en silence ; mais ni les larmes de l'infortunée ni sa beauté rendue plus touchante par la douleur ne pouvaient ébranler cette âme de fer. Il n'avait pas un remords en songeant à la mort de la comtesse .

Commentaire des difficultés
(non traitées dans le chapitre)

■ *ces* lettres, *ces* expressions, *cette* poursuite : on comprend qu'il s'agit du déterminant démonstratif *ces* (et non du possessif *ses*) grâce au démonstratif *cette* présent dans l'énumération.

■ *cette poursuite si* hardie, *si* obstinée : attention à bien accorder les deux adjectifs au féminin singulier avec le nom *poursuite*.

■ *tout cela* : le déterminant *tout* est au masculin singulier quand il est associé au pronom démonstratif *cela*.

■ *l'argent seul* : l'adjectif s'accorde au masculin singulier avec le nom *argent*.

■ *ni les larmes ni sa beauté* : ni est ici une conjonction de coordination, à ne pas confondre avec *n'y*, négation suivie du pronom adverbial *y*.

■ *ni les larmes [...] ni sa beauté [...] ne pouvaient ébranler* : attention au sujet double du verbe *pouvaient* qui s'accorde donc à la 3e personne du pluriel. Etant donné qu'il suit un verbe conjugué qui n'est pas un auxiliaire, le verbe *ébranler* est à l'infinitif.

■ *un remords* : le mot *remords* prend toujours un *s* (comme *temps, corps*, etc.).

---

14 Quand faut-il accorder *leur* ?

1 1. par leur bonne humeur. 2. sans leurs bâtons. 3. elle leur a téléphoné. 4. avec leurs cousins. 5. il leur adressait la parole.

2 1. Les projets de leurs parents. 2. Leur emploi du temps leur convenait. 3. Il leur fallut ; leurs véritables intentions. 4. Leur avenir ; leur famille.

3 1. Ces enfants parlent mal à leur mère.
2. Les randonneurs ont pris leur sac à dos et leurs lunettes de soleil.
3. Le professeur demande aux élèves de sortir leurs affaires et leur distribue la leçon.
4. J'ai dit à Frédéric et Emmanuel qu'ils étaient trop bruyants, je le leur ai même répété.

4 1. La visite de la ville leur a beaucoup plu.
2. Ils trouvent leurs expériences en entreprise très formatrices.
3. Leurs jouets d'enfants ont été remisés au grenier.
4. Leurs grands-parents leur ont offert des guimauves.
5. Leur nouvelle passion pour la cuisine ravit leurs amis.
6. Elles ont garé leur voiture dans le parking, ils ont laissé la leur dans la rue. / Ils ont garé leur voiture dans le parking, elles ont laissé la leur dans la rue.

6 On ne pût deviner la cause de leur mort : déterminant.
Les autres étaient leurs victimes : déterminant.
On leur enfonça un pieu dans le cœur : pronom personnel.

7 — J'ai vu déterrer [...] sans que l'on pût deviner [...]. Dix-sept ont donné [...], on les a retrouvés [...].
— Et que fit-on pour en délivrer [...] ?

9 Des signes de vampirisme

— Oui, dans mon enfance, j'ai vu déterrer , dans le cimetière d'un village appartenant à mon père, quarante personnes, mortes en quinze jours, sans que l'on pût deviner la cause de leur mort. Dix-sept ont donné tous les signes du vampirisme, c'est-à-dire qu'on les a retrouvés frais, vermeils , et pareils à des vivants, les autres étaient leurs victimes.

— Et que fit-on pour en délivrer le pays ?

— On leur enfonça un pieu dans le cœur, et on les brûla ensuite.

La dictée non préparée

10 Grandeur et splendeur des Carpathes

Vers la fin de la journée du lendemain, nous atteignîmes leur base ; enfin, dans la matinée du troisième jour, nous commençâmes à nous engager dans une de leurs gorges. Leurs cimes orageuses se perdent dans les nues, couvertes de neiges éternelles ; leurs immenses forêts de sapins se penchent sur le miroir poli de lacs pareils à des mers ; et ces lacs, jamais une nacelle ne les a sillonnés, jamais le filet d'un pêcheur n'a troublé leur cristal, profond comme l'azur du ciel.

Commentaire des difficultés
(non traitées dans le chapitre)

■ *nous atteignîmes* ; *nous commençâmes* : attention à ne pas oublier l'accent circonflexe sur les voyelles *i* et *a* des verbes conjugués au passé simple à la 1re personne du pluriel.

■ *nous commençâmes à nous engager* : le verbe *engager* est à l'infinitif car il suit la préposition *à*.

■ *leurs cimes orageuses se perdent* ; *leurs immenses forêts de sapins se penchent* : on comprend que le groupe nominal *leurs cimes orageuses* est au pluriel grâce à la liaison *cimes orageuses* et au verbe *se perdent*, conjugué à la 3e personne du pluriel. On repère que le GN *leurs immenses forêts* est au pluriel grâce à la liaison *leurs immenses*. Le nom *sapins* prend un *s* car une forêt comprend plusieurs sapins.

■ *couvertes de neiges éternelles* ; *le miroir poli de lacs pareils à des mers* : l'expression *neiges éternelles* est toujours au pluriel, par ailleurs on peut distinguer à l'oral la liaison entre le nom et l'adjectif. On peut déduire que le nom *lacs* est au pluriel grâce à la reprise *ces lacs* un peu plus loin.

■ *ces lacs, jamais une nacelle ne les a sillonnés, jamais le filet d'un pêcheur n'a troublé leur cristal* : les verbes au passé composé sont employés avec l'auxiliaire *avoir*. Le participe passé *sillonnés* s'accorde avec le COD *les* (qui remplace *ces lacs*) car le COD est placé avant le verbe ; en revanche, le participe passé *troublé* ne s'accorde pas car le COD (*leur cristal*) est placé après le verbe.

15 Comment distinguer les homophones *ai, aie, aies, ait, aient, es, est* ?

Les exercices

1 1. 3e pers. sing. 2. 3e pers. plur. 3. 2e pers. sing.

2 1. à moins que tu aies fini. 2. J'ai une faim de loup ; c'est la fin de la matinée. 3. Pourvu qu'il n'ait pas oublié ; j'ai égaré. 4. Il faut qu'ils aient rangé.

3 1. Je crois tu n'es pas. 2. Il faut que tu aies. 3. Je crains qu'il n'ait pas. 4. Pourvu qu'elle ait. 5. que le prétendant de sa fille ait. 6. Je les ai vus. 7. Lucinde est aidée. 8. C'est la plus charmante nourrice que Sganarelle ait jamais vue.

4 GÉRONTE.— Monsieur, j'ai une fille qui est tombée dans une étrange maladie.
SGANARELLE.— Je suis ravi, Monsieur, que votre fille ait besoin de moi [...].

La dictée préparée

6

Verbes homophones	Infinitif	Mode et temps	Personne
est	être	indicatif présent	3e pers. sing.
ai	avoir	indicatif présent	1re pers. sing.
aient	avoir	subjonctif présent	3e pers. plur.

7 Vous ne sauriez croire [...]. J'ai empêché toute communication [...] car elle aurait été fille à s'en aller [...].

9 Un prétendant indésirable

GÉRONTE.— Vous ne sauriez croire comme elle est affolée de ce Léandre.
SGANARELLE.— La chaleur du sang fait cela dans les jeunes esprits.
GÉRONTE.— Pour moi, dès que j'ai eu découvert la violence de cet amour, j'ai su tenir toujours ma fille renfermée.
SGANARELLE.— Vous avez fait sagement.
GÉRONTE.— Et j'ai bien empêché qu'ils n'aient eu communication ensemble.
SGANARELLE.— Fort bien.
GÉRONTE.— Il serait arrivé quelque folie, si j'avais souffert qu'ils se fussent vus.
SGANARELLE.— Sans doute.
GÉRONTE.— Et je crois qu'elle aurait été fille à s'en aller avec lui.
SGANARELLE.— C'est prudemment raisonné.

La dictée non préparée

10 Le monologue d'Harpagon

Hélas ! mon pauvre argent ! mon pauvre argent ! mon cher ami ! on m'a privé de toi ; et puisque tu m'es enlevé, j'ai perdu mon support, ma consolation, ma joie : tout est fini pour moi, et je n'ai plus que faire au monde. Sans toi, il m'est impossible de vivre. C'en est fait ; je n'en puis plus ; je me meurs ; je suis mort ; je suis enterré. N'y a-t-il personne qui veuille me ressusciter, en me rendant mon cher argent, ou en m'apprenant qui l'a pris. *Euh ! que dites-vous ? Ce n'est personne. Il faut, qui* que ce soit qui ait fait le coup, qu'avec beaucoup de soin on ait épié l'heure ; et l'on a choisi justement le temps que je parlais à mon traître de fils.

Commentaire des difficultés
(non traitées dans le chapitre)

■ *mon pauvre argent* ; *mon cher ami* ; *mon support* ; *ma consolation* ; *ma joie* ; *mon traître de fils* : il ne faut pas confondre les déterminants possessifs, qui sont suivis d'un nom ou d'un groupe nominal, avec les formes *on m'a privé*, *tu m'es enlevé*, *il m'est impossible* dans lesquelles on repère le pronom *m'* suivi de l'auxiliaire *être* ou *avoir* au présent (dans ce cas, on peut faire la transformation à l'imparfait : *on m'avait privé*, *tu m'étais enlevé…*).

■ *on m'a privé de toi* ; *j'ai perdu mon support* ; *qui l'a pris* ; *ait fait le coup* ; *on ait épié l'heure* ; *on a choisi le temps* : les participes passés employés avec l'auxiliaire *avoir* s'accordent au masculin singulier, soit parce que le COD qui est placé avant le verbe est au masculin singulier (*m'* mis pour *Harpagon*), *l'* (mis pour *l'argent*), soit parce que le COD est placé après le verbe (*mon support…*, *le coup, l'heure, le temps*).

■ *Sans toi* ; *C'en est fait* : attention à ne pas confondre *sans*, préposition suivie d'un nom, d'un GN ou d'un pronom, avec *c'en*, expression formée du pronom démonstratif *c'* et du pronom adverbial *en*.

■ *personne qui veuille me ressusciter* : quand deux verbes se suivent, le premier est conjugué (*veuille*) et le deuxième est à l'infinitif (*ressusciter*).

■ *en me rendant* ; *en m'apprenant* : les verbes au gérondif sont invariables et finissent toujours par *-ant*.

■ *Ce n'est personne* ; *qui que ce soit* : on peut remplacer *ce* par *cela* (*cela n'est personne* ; *qui que cela soit*), donc il s'agit du pronom démonstratif *ce*.

16 Comment distinguer les homophones *ma, m'a* ; *mon, m'ont* ; *les, l'ai* ; *la, l'a* ?

Les exercices

1 1. Les médecins m'ont dit. 2. je l'ai cueillie. 3. Mon frère m'a appris. 4. Ce devoir m'a déstabilisé, la leçon n'était pourtant pas difficile.

2 1. Ma sœur m'a certifié. 2. Je l'ai surpris. 3. Mes voisins m'ont permis. 4. Il l'a rencontrée.

3 1. j'ai choisi de porter mon jean gris et ma chemise blanche. 2. Marion observe les passants, elle les trouve amusants. 3. Ils m'ont conseillé. 4. je les appelle tous les jours. 5. je l'ai déjà

admirée dans les galeries du Louvre. 6. Elle m'a confié qu'elle avait toujours envié mon tempérament optimiste.

4 1. Je l'ai reconnue dans les pages du journal. 2. Mon oncle et mon père m'ont emmené à la pêche avec eux. 3. Éva connaît la leçon d'histoire par cœur, elle l'a relue plusieurs fois la veille. 4. Il m'a donné son adresse mail et je lui ai laissé ma carte de visite.

La dictée préparée

6

Déterminant possessif + nom (1 forme)	Pronom + auxiliaire *avoir* + participe passé (4 formes)
ma destination	m'a renvoyé m'a dit m'a mordu m'a chassé

7 La forme *est* apparaît 1 fois ; la forme *ai* apparaît 4 fois.

9 Un homme au ban de la société
Je m'appelle Jean Valjean. Je suis un galérien. J'ai passé dix-neuf ans au bagne. Je suis libéré depuis quatre jours et en route pour Pontarlier qui est ma destination. Ce soir, en arrivant dans ce pays, j'ai été dans une auberge, on m'a renvoyé à cause de mon passeport jaune que j'avais montré à la mairie. Il avait fallu. J'ai été à une autre auberge. On m'a dit : Va-t-en ! J'ai été dans la niche d'un chien. Ce chien m'a mordu et m'a chassé, comme s'il avait été un homme. On aurait dit qu'il savait qui j'étais.

La dictée non préparée

10 Les dernières volontés d'une mère
« Avez-vous fait un bon voyage, monsieur le maire ? Oh ! comme vous êtes bon d'avoir été me la chercher ! Dites-moi seulement comment elle est. A-t-elle bien supporté la route ? Hélas ! elle ne me reconnaîtra pas ! Depuis le temps, elle m'a oubliée, pauvre chou ! Ces Thénardier la tenaient-ils proprement ? Comment la nourrissait-on ? Oh ! comme j'ai souffert, si vous saviez ! de me faire toutes ces questions-là dans le temps de ma misère ! Maintenant, c'est passé. Je suis joyeuse. Oh ! que je voudrais donc la voir ! Monsieur le maire, l'avez-vous trouvée jolie ? N'est-ce pas qu'elle est belle, ma fille ? »

Commentaire des difficultés
(non traitées dans le chapitre)

■ *bon d'avoir été me la chercher* : on peut remplacer *chercher* par *prendre*, donc le verbe se termine en *-er*.

■ *Dites-moi* : attention à ne pas mettre d'accent circonflexe sur le *i* du verbe *dites*, conjugué à l'impératif à la 2e personne du pluriel. Il ne faut pas oublier en revanche le trait d'union entre le verbe et le COI (*moi*).

■ *Ces Thénardier* ; *toutes ces questions-là* ; *c'est passé* : attention à distinguer les formes homophones. Les déterminants démonstratifs *ces* sont suivis d'un nom que l'on peut mettre au singulier (*ce Thénardier, cette question-là*). Dans le groupe verbal *c'est*, on peut remplacer le pronom *c'* par *cela* (*cela est*).

■ *la tenaient-ils* : le sujet *ils* est au pluriel car il reprend le groupe nominal *ces Thénardier*. Le verbe est donc conjugué à la 3e personne du pluriel.

■ *je voudrais* : attention à bien identifier le conditionnel présent *voudrais* (à ne pas confondre avec le futur *voudrai*) qui sert à exprimer un souhait.

■ *qu'elle est belle* : la forme *qu'elle* est constituée de la conjonction de subordination *qu'* et du pronom personnel *elle* et fait partie de la tournure interrogative *est-ce que* (on peut remplacer *qu'elle est belle* par *qu'il est beau*). À ne pas confondre avec le déterminant interrogatif ou exclamatif *quelle*.

17 Comment distinguer les homophones *ces, ses, c'est* et *s'est* ?

Les exercices

1 1. Ces chemises sont jolies. 2. Louis a invité ses cousines. 3. Un de ces jours. 4. Ces/Ses enfants sont vraiment bavards. 5. Il oublie toujours d'apporter ses cahiers et ses livres.

2 1. Il s'est blessé. 2. C'est à Londres que se trouve. 3. Elle s'est rendue compte. 4. c'est une amie d'Emma. 5. elle ne s'est sentie mieux.

3 1. Lors de ses vacances au ski, Romain s'est cassé une jambe. 2. Didier s'est endormi ; ses parents en ont été informés. 3. C'est toujours la même chose. 4. Clément s'est informé ; avec ses amis. 5. Ces/Ses dernières vacances. 6. Ma série préférée s'est achevée.

4 1. Le sportif s'est relevé sans blessure.
2. Le skateboard, c'est le sport urbain que je préfère.
3. Tout le monde sait au moins patiner sur la glace.
4. La sportive a mis ses coudières et genouillères.
5. J'ai déjà assisté à ces performances extraordinaires.
6. Trouver l'équilibre en skate, c'est assez difficile.
7. Le skateur s'est filmé en train de faire des figures.

La dictée préparée

6

Déterminant démonstratif + GN	Présentatif *c'est* + complément
ces hommes de meurtre et de sang	*C'est* ici *C'est* autour de ce mur *c'est* à moi

7 a. 1. ont pensé. 2. ont tourné. 3. ont laissé. 4. ont laissée.

b. Le participe passé *laissée* s'accorde au féminin singulier avec le pronom COD *l'* (qui reprend le groupe nominal *la place chaude*) car le pronom est placé avant le verbe.

9 Comme un lion en cage
C'est ici, sur la même dalle où je suis, qu'ils ont pensé leurs dernières pensées, ces hommes de meurtre et de sang ! C'est autour de ce mur, dans ce carré étroit, que leurs derniers pas ont tourné comme ceux d'une bête fauve. Ils se sont succédé à de courts intervalles ; il paraît que ce cachot ne désemplit pas. Ils ont laissé la place chaude, et c'est à moi qu'ils l'ont laissée.

La dictée non préparée

10 C'est pour aujourd'hui !
Le directeur de la prison lui-même vient de me rendre visite. Il s'est informé avec intérêt de ma santé et de la façon dont j'avais passé la nuit ; en me quittant, il m'a appelé monsieur !
C'est pour aujourd'hui !
Ce bon geôlier, avec son sourire bénin, ses paroles caressantes, son œil qui flatte et qui espionne, ses grosses et larges mains, c'est la prison incarnée, c'est Bicêtre qui s'est fait homme. Tout est prison autour de moi. Ce mur, c'est de la prison en pierre ; cette porte, c'est de la prison en bois ; ces guichetiers, c'est de la prison en chair et en os.

Commentaire des difficultés
(non traitées dans le chapitre)

■ *ma santé* ; *il m'a appelé* : il faut bien distinguer le déterminant possessif *ma*, suivi du nom *santé*, de *m'a* (pronom + auxiliaire *avoir*) suivi du participe passé *appelé*, que l'on peut remplacer par *m'avait* (*appelé*).

■ *j'avais passé la nuit* ; *il m'a appelé monsieur* : les participes passés employés avec l'auxiliaire *avoir* ne s'accordent pas ici car, dans le 1er cas, le COD *la nuit* est placé après le verbe et, dans le 2e cas, le pronom COD placé avant le verbe est au masculin singulier (*m'* désigne le narrateur).

■ *Ce bon geôlier* ; *ce mur* : il ne faut pas confondre le déterminant démonstratif *ce* qui est suivi d'un nom ou d'un GN avec le pronom personnel réfléchi *se* qui est suivi d'un verbe.

■ *tout est prison* : la liaison (soulignée) permet de reconnaître le pronom indéfini *tout*.

■ *de la prison en pierre* ; *de la prison en bois* ; *de la prison en chair et en os* : les compléments du nom *prison* évoquent la matière dont elle est constituée, ils sont donc au singulier (*bois* et *os* aussi car ces noms ont toujours un *s*).

18 Comment distinguer les formes verbales en ez/er/é ?

Les exercices

1 1. Il est allé. 2. Vous irez chercher. 3. Avez-vous sollicité. 4. Vous donnez.

2 1. Théo a décidé de traverser la France [...]. Ils ont loué un beau domaine [...] qu'ils ont trouvé sur Internet. Ils ont prévu de passer leurs journées à nager [...] et à se reposer au soleil. [...] il a emporté de bonnes chaussures de marche pour arpenter les ruelles de Sienne et rencontrer la population locale. Il pourra ainsi pratiquer l'italien qu'il a commencé à apprendre [...].

3 1. Léa a montré ; ils ont signé. 2. Il faut chercher ; qui a été laissé. 3. Veillez à mon sac ; je dois m'absenter. 4. Elle a exigé. 5. Alexandre a acheté ; pour ranger.

4

			7					
	1	M	A	I	N	T	E	N	E	Z
			E					
			N		8			
5		2	A	G	A	C	E	
B	6		C		A			
3 O	U	B	L	I	E			
U	A		R		H			
L	L				E			
E	B				R			
V	U							
E	4 T	E	R	M	I	N	E	Z
R	I							
S	E							
E	S							

La dictée préparée

6 Il vit défil*er* le sommelier qui s'était brûl*é* la cervelle. La belle lady Steelfield était condam*née* à port*er* au cou un collier de velours noir pour cach*er* la marque de cinq doigts imprim*és* sur sa peau blanche. Elle avait fini par se noy*er* dans le vivier.

7 tous ses grands exploits • une main verte • la belle lady Steelfield • un collier de velours noir • la marque de doigts imprimés.

9 Les exploits du fantôme de Canterville

Tous ses grands exploits lui revenaient à la mémoire.

Il vit défiler le sommelier qui s'était brûlé la cervelle pour avoir vu une main verte tambouriner sur la vitre ; et la belle lady Steelfield, qui était condamnée à porter au cou un collier de velours noir pour cacher la marque de cinq doigts imprimés comme du fer rouge sur sa peau blanche, et qui avait fini par se noyer dans le vivier au bout de l'Allée du Roi.

La dictée non préparée

10 Les tentatives du fantôme

Le fantôme la regarda avec des yeux flambants de fureur, et se mit en mesure de se changer en un gros chien noir.

C'était un tour qui lui avait valu une réputation bien méritée, et auquel le médecin de la famille attribuait toujours l'idiotie incurable de l'oncle de lord Canterville, l'honorable Thomas Horton.

Mais le bruit de pas qui se rapprochaient le fit chanceler dans sa cruelle résolution, et il se contenta de se rendre légèrement phosphorescent.

Puis, il s'évanouit, après avoir poussé un gémissement sépulcral, car les jumeaux allaient le rattraper.

Commentaire des difficultés
(non traitées dans le chapitre)

■ *C'était un tour qui lui avait valu une réputation bien méritée* : attention à ne pas confondre le présentatif *c'était* suivi d'un GN avec *s'était*, pronom personnel réfléchi et auxiliaire *être* suivis d'un participe passé. Le sujet de *avait valu* est le pronom relatif *qui* reprenant le GN *un tour*.

■ *auquel le médecin de la famille attribuait* : le pronom relatif *auquel* est au masculin singulier car il reprend le nom *tour* (à ne pas confondre avec les formes au masculin pluriel, *auxquels*, et au féminin pluriel, *auxquelles*).

■ *le bruit de pas qui se rapprochaient le fit chanceler* : le verbe *se rapprochaient* est conjugué à la 3ᵉ personne du pluriel car le sujet de la proposition relative, *qui*, reprend le GN *les pas*. Néanmoins, on accordera l'accord au singulier (avec *le bruit*), pourvu que la terminaison soit bien celle de l'imparfait. Le verbe *fit* a pour sujet *le bruit*, il est donc conjugué la 3ᵉ personne du singulier. *Chanceler*, employé après un verbe conjugué, est forcément à l'infinitif.

■ *légèrement* : l'adverbe est formé sur l'adjectif au féminin (*légère*) auquel on ajoute le suffixe *-ment*.

La dictée non préparée

10 **DICTÉE** Fais-toi dicter le texte intitulé « Le réveil des morts » (p. IX).

Tu peux l'écouter sur www.bescherelle.com

Mots donnés : probes • feindre • seuil • funéraire

Le réveil des morts

Venu se recueillir dans un cimetière, le narrateur découvre avec horreur que les morts sortent de leurs tombes.

■ D'après Guy de Maupassant, « La Morte », 1887.

11 **RELIS-TOI** Prends garde aux points suivants.

1. *Tout* est utilisé 6 fois comme déterminant ou comme pronom. L'as-tu bien accordé avec le nom qu'il précède ou qu'il remplace ?

2. 6 verbes sont conjugués au plus-que-parfait à la 3e personne du pluriel. Vérifie que les auxiliaires se terminent par -*aient* et que l'un des participes passés se termine par -*s*. (Ne confonds pas la forme *étaient ouvertes*, constituée du verbe *être* à l'imparfait et de l'adjectif qualificatif *ouvertes*, avec un verbe au plus-que-parfait.)

> **AS-TU RÉUSSI ? Évalue ta dictée en te reportant au corrigé p. IX.**
>
> Coche la case si tu as bien écrit :
> ☐ les formes de *tout* surlignées en jaune, sinon refais l'exercice 3.
> ☐ les formes verbales surlignées en bleu, sinon reporte-toi aux méthodes 11 p. 46 et 12 p. 50.
> ☐ les mots encadrés, sinon recopie-les sur une feuille.

10 | Comment accorder un adjectif qualificatif ?

La méthode

✳ Connaître la règle générale

- Un adjectif qualificatif **s'accorde en genre** (masculin, féminin) et **en nombre** (singulier, pluriel) avec le nom ou le pronom auquel il se rapporte.

- Pour former un adjectif féminin, on ajoute généralement un **e** à l'adjectif masculin.

  obstiné → obstinée ; froid → froide ; assis → assise

- Pour former un adjectif pluriel, on ajoute généralement un **s** à l'adjectif singulier.

  un joli pull → de jolis pulls

> **ATTENTION** Lorsqu'un adjectif se rapporte à plusieurs noms de genres différents, il s'accorde au masculin pluriel.

✳ Faire attention aux modifications de certains adjectifs au féminin

- Certains adjectifs subissent une modification de leur radical lorsqu'on leur ajoute un **e**.

Terminaison des adjectifs au masculin	Terminaison des adjectifs au féminin	Exemples
-er	-ère	fier → fière ; entier → entière
-f	-ve	vif → vive ; neuf → neuve
-x	-se	heureux → heureuse (**mais** vieux → vieille ; doux → douce...)
-eau	-elle	beau → belle ; nouveau → nouvelle
-eur	-euse	trompeur → trompeuse (**mais** meilleur → meilleure...)

- L'ajout d'un **e** entraîne parfois le redoublement de la consonne finale du masculin.

  violet → violette ; cruel → cruelle ; ancien → ancienne ; gros → grosse

✳ Savoir accorder les adjectifs en *-eau* et en *-al* au pluriel

- Les adjectifs en *-eau* font leur pluriel en *-eaux*.   *beau → beaux*
- Les adjectifs en *-al* font leur pluriel en *-aux*.   *national → nationaux*

Exceptions : *banal, bancal, fatal, final, glacial, natal, naval* prennent un *s* au pluriel.

✳ Savoir accorder les adjectifs de couleur

Ils **s'accordent en genre et en nombre** sauf les adjectifs de couleur composés et les adjectifs de couleur issus d'un nom.

des yeux verts **mais** *des pantalons vert pomme ; des prunelles noisette*

> **ATTENTION** *rose, mauve, fauve, pourpre* et *écarlate*, issus d'un nom, prennent un *s*.

1 Coche la bonne réponse.

1. L'enfant à la chevelure roux ☐ rousse ☐ avait les joues toutes rose ☐ roses ☐.

2. Rapide ☐ Rapides ☐ grâce à ses grandes jambes, il devança tout le monde.

3. C'était un vieil ☐ vieille ☐ homme à la personnalité discret ☐ discrète ☐.

2 Associe les noms aux adjectifs qui leur correspondent.

1. une fille •   • indiscrètes

2. un incident •   • superbe

3. des vestes •   • orange

4. des remarques •   • banal

3 Réécris les phrases en remplaçant les noms en gras par les noms entre parenthèses. Fais toutes les modifications nécessaires.

1. Il savoura un **soda** frais après avoir fait un long **footing**. (boisson, promenade)

....

2. Elle avait un **regard** glacial avec une belle **prunelle** vert émeraude. (yeux, prunelles)

....

3. Un **hiver** rigoureux a remplacé l'automne. **Axel** devra être attentif au **chemin** verglacé devant chez lui. (saison, Claire, routes)

....

4. Son **bras** blanc et son **teint** ivoire contrastaient avec sa **chevelure** noir corbeau.

(épaules, joues, cheveux)

....

4 Mots fléchés. Accorde chaque adjectif avec le nom auquel il se rapporte et place ta réponse dans la grille.

1. Elle coupa une (épais) tranche de pain.
2. Sous l'effet du stress, elle eut soudain les jambes (mou).
3. C'est le début de la période (automnal).
4. Son courage et sa bonté étaient ses (principal) atouts.
5. De beaux yeux (marron) me regardaient.
6. Il reçut des coups (fatal).
7. Il m'a fait d'(étonnant) propositions.
8. Elle adopta une attitude très (sérieux).

La dictée préparée

5 PREMIÈRE LECTURE **Lis attentivement le texte de la dictée.**

L'apparition

Romuald s'apprête à devenir prêtre mais, en levant les yeux dans l'église, il croise le regard de la belle Clarimonde…

Elle était assez grande, avec une taille et un port de déesse ; ses cheveux, d'un blond doux, se séparaient sur le haut de sa tête et coulaient sur ses tempes comme deux fleuves d'or ; on aurait dit une reine avec son diadème ; son front, d'une blancheur bleuâtre et transparente, s'étendait large et serein sur les arcs de deux cils presque bruns, singularité qui ajoutait encore à l'effet de prunelles vert de mer d'une vivacité et d'un éclat insoutenables.

▪ D'après Théophile Gautier, « La Morte amoureuse », 1897.

6 ACCORD DES ADJECTIFS **Complète les phrases à l'aide de ces adjectifs extraits de la dictée.**
bruns • grande • insoutenables • large • serein • vert de mer

Clarimonde est assez .... Son front paraît .... et ....

Ses arcs de cils sont .... Ses yeux d'une vivacité et d'un éclat ....

troublent Romuald. Elle a des prunelles ....

7 ACCORD DU VERBE AVEC LE SUJET **Complète le tableau à l'aide de la dictée.**

Verbe	Sujet
était	elle
coulaient	

> **COUP DE POUCE** Lorsque le pronom relatif *qui* est sujet d'un verbe, ce dernier s'accorde avec l'antécédent du pronom.

8 MOTS DIFFICILES **Relis la dictée puis recopie sur une feuille ces mots difficiles.**
port • déesse • tempes • serein

9 DICTÉE **Fais la dictée sur une feuille.** Tu peux l'écouter sur @))) www.bescherelle.com

AS-TU RÉUSSI ? Évalue ta dictée en te reportant au corrigé p. IX.

Coche la case si tu as bien écrit :
☐ les adjectifs surlignés en jaune, sinon refais l'exercice 3.
☐ les sujets et les verbes soulignés, sinon reporte-toi à la méthode 7 p. 30.
☐ les mots encadrés, sinon recopie-les sur une feuille.

La dictée non préparée

10 DICTÉE **Fais-toi dicter le texte intitulé «L'élixir du vampire» (p. IX).**

Tu peux l'écouter sur @))) www.bescherelle.com

Mots donnés : physionomie • agilité • indicible volupté • oblongue

L'élixir du vampire

Romuald est devenu l'amant de Clarimonde. En se blessant accidentellement au doigt, il provoque une réaction inattendue chez la jeune femme.

■ D'après Théophile Gautier, « La Morte amoureuse », 1897.

COUP DE POUCE Les participes passés *vu* et *devenu* s'accordent au féminin singulier.

11 RELIS-TOI **Prends garde aux points suivants.**

1. As-tu noté que parmi les 15 adjectifs qualificatifs de la dictée 12 sont au féminin ? Un seul est au pluriel : as-tu noté lequel ?

2. As-tu bien écrit les verbes conjugués au passé simple ? 3 se terminent en -*a*, 3 en -*it* et 1 en -*èrent*.

AS-TU RÉUSSI ? Évalue ta dictée en te reportant au corrigé p. IX.

Coche la case si tu as bien écrit :
☐ les adjectifs surlignés en jaune, sinon refais l'exercice 4.
☐ les verbes surlignés en bleu, sinon reporte-toi à la méthode 2 p. 10.
☐ les mots encadrés, sinon recopie-les sur une feuille.

Comment accorder le participe passé employé avec l'auxiliaire *être* ?

La méthode

✳ Connaître la règle générale

Lorsqu'il est employé avec l'auxiliaire *être*, le participe passé **s'accorde en genre et en nombre avec le sujet**.

> Les <u>amis</u> de Sébastien sont repartis vers 17 heures.
>
> [Le participe passé *repartis* s'accorde au masculin pluriel avec *amis*, le nom noyau du groupe sujet.]

✳ Reconnaître le participe passé

La terminaison du participe passé dépend du groupe auquel appartient le verbe :
1er groupe : -é (*dansé*) ; 2e groupe *: -i (*fini*)* ; 3e groupe : -i/-is/-it (*parti, pris, fait*), -u (*vu*), -t (*joint, peint*).

Certains participes passés issus de verbes du 3e groupe se terminent par **s au masculin singulier** : *mis*, *pris*, *assis*...

> **ASTUCE** Pour savoir si le participe passé comprend une consonne finale muette au masculin, il suffit d'essayer de l'accorder au féminin.
> *faite → fait ; acquise → acquis*

✳ Reconnaître l'auxiliaire *être*

● Pour former les **temps composés de certains verbes** (*aller, arriver, venir, sortir, naître...*), on utilise l'auxiliaire *être* suivi du participe passé (→ séquence 6 p. 26).

> Marie est <u>allée</u> chez le médecin.
> Les invités seront <u>arrivés</u> à 20 heures.

● On utilise aussi l'auxiliaire *être* dans les **tournures passives**.

> Romain et Julien étaient <u>suivis</u> par un petit chien.

> **ASTUCE** On peut transformer la phrase en *Un petit chien suivait Romain et Julien*, ce qui permet de dire que l'exemple est à la voix passive.

● Lorsque le verbe est conjugué à un temps composé et à la voix passive, il est constitué de trois éléments : l'auxiliaire *avoir* conjugué à un temps simple + le participe passé du verbe *être* (*été*) + le participe passé du verbe conjugué. Dans ce cas aussi, le participe passé s'accorde avec le sujet.

> Les suspects avaient été interpellés par la police.

1 Coche la bonne réponse.

1. Plusieurs habitants sont venu ☐ venus ☐ fêter l'inauguration de la nouvelle salle.

2. Les murs étaient peint ☐ peints ☐ en vert tandis que les plafonds étaient recouvert ☐ recouverts ☐ de blanc.

3. Amélie et Clémence sont invité ☐ invitée ☐ invitées ☐ à une exposition qui a été organisé ☐ organisée ☐ par la mairie.

2 Trouve les participes passés des verbes et accorde-les.

1. Ils se sont (joindre) .... à nous pour le réveillon.

2. Les employés ont été (solliciter) .... pour un entretien.

3. La plupart des gens sont (venir) .... voir le nouveau magasin.

4. La visite du Louvre s'est bien (passer) ...., elle a été (apprécier) .... des élèves.

5. Les travaux de la façade avaient été (faire) .... en 2011, la réfection de la cour était (envisager) .... pour 2015.

3 Réécris les phrases en remplaçant les mots en gras par les mots entre parenthèses. Fais toutes les modifications nécessaires.

1. **Le bandit** avait été interpellé mais il s'était enfui dans la forêt. (les bandits)

....

2. **Ce film** a été projeté hier, **Katy** a été séduite par l'intrigue. (ces films ; Katy et Mathilde)

....

3. **Élodie** est partie à huit heures et elle est arrivée en retard. (Élodie et Jessica)

....

4. **Il** était vêtu **d'une vieille veste** qui n'avait jamais été rapiécée. (ils ; de larges manteaux)

....

4 Complète les phrases avec ces participes passés.

venues • allés • pris • arrivée • amusé • réorganisé • sortis • promenés

Ma sœur, avec laquelle je suis très lié, est .... la semaine dernière avec ses filles pour me rendre une visite surprise. J'ai été .... au dépourvu mais l'appartement a été .... pour les accueillir ! Emma et Stella n'étaient pas .... à Paris depuis longtemps. Nous sommes .... tous les jours. Nous sommes .... au cirque, dans les musées et les magasins, et nous nous sommes beaucoup .... dans la capitale. Tout le monde s'est bien ....

La dictée préparée

5 PREMIÈRE LECTURE **Lis attentivement le texte de la dictée.**

Une abbaye singulière

Le prince Prospero vit dans une abbaye qu'il a décorée de façon très surprenante.

Chaque fenêtre était faite de verres colorés en harmonie avec le ton dominant. Celle qui occupait l'extrémité orientale, par exemple, était tendue de bleu, – et les fenêtres étaient d'un bleu profond. La seconde pièce était ornée et tendue de pourpre, et les carreaux étaient pourpres. La troisième, entièrement verte, et vertes les fenêtres. La quatrième, décorée d'orange, était éclairée par une fenêtre orangée, — la cinquième, blanche, – la sixième, violette. La septième salle était rigoureusement ensevelie de tentures de velours noir.

■ D'après Edgar Allan Poe, *Le Masque de la mort rouge*, 1842.

6 ACCORD DU PARTICIPE PASSÉ AVEC L'AUXILIAIRE *ÊTRE* **Réécris le texte en employant les mots entre parenthèses et fais les accords nécessaires.**

Chaque vitrail (chaque fenêtre) était fait de verres colorés.

....

Le second salon (la seconde pièce) était orné et tendu de pourpre. Le quatrième

(la quatrième) était éclairé par une fenêtre orangée. ....

....

....

7 ACCORD DES ADJECTIFS DE COULEUR **Relève six adjectifs de couleur et indique entre parenthèses le nom ou pronom avec lequel ils s'accordent. Suis l'exemple.**

pourpres (carreaux) • .... • .... • ....

• .... • .... • ....

> **COUP DE POUCE** Dans le texte, *(de) bleu, (d'un) bleu (profond), (de) pourpre, (d')orange* sont des noms communs au singulier.

8 MOTS DIFFICILES **Relis la dictée puis recopie sur une feuille ces mots difficiles.**
harmonie • orientale • rigoureusement

9 DICTÉE **Fais la dictée sur une feuille.**   Tu peux l'écouter sur @))) www.bescherelle.com

> **AS-TU RÉUSSI ? Évalue ta dictée en te reportant au corrigé p. X.**
>
> Coche la case si tu as bien écrit :
> ☐ les participes passés surlignés en jaune, sinon refais l'exercice 2.
> ☐ les adjectifs de couleur surlignés en bleu, sinon reporte-toi à la méthode 10 p. 42.
> ☐ les mots encadrés, sinon recopie-les sur une feuille.

La dictée non préparée

10 DICTÉE Fais-toi dicter le texte intitulé «À la recherche d'indices» (p. X).

Tu peux l'écouter sur @))) www.bescherelle.com

Mots donnés : être • pillage

À la recherche d'indices

Deux meurtres affreux ont été commis. Pour trouver le coupable, le narrateur vient inspecter les lieux du crime.

....

....

....

....

....

....

....

....

....

....

....

....

....

■ D'après Edgar Allan Poe, *Double Assassinat de la rue Morgue*, 1841.

COUP DE POUCE Le participe passé employé après *avoir été* s'accorde avec le sujet.

11 RELIS-TOI **Prends garde aux points suivants.**

1. Parmi les 5 participes passés employés avec l'auxiliaire *être*, en as-tu bien accordé 3 au masculin pluriel et 1 au féminin pluriel ?

2. Il y a 8 adjectifs ou participes passés employés comme adjectifs dans le texte. Vérifie que 3 d'entre eux se terminent par -*s*, et 2 par -*es*.

AS-TU RÉUSSI ? Évalue ta dictée en te reportant au corrigé p. X.

Coche la case si tu as bien écrit :
☐ les participes passés surlignés en jaune, sinon refais l'exercice 3.
☐ les adjectifs ou participes passés surlignés en bleu, sinon reporte-toi à la méthode 10 p. 42.
☐ les mots encadrés, sinon recopie-les sur une feuille.

12 Comment accorder le participe passé employé avec l'auxiliaire *avoir* ?

La méthode

✳ Connaître la règle d'accord

Avec l'auxiliaire *avoir*, le participe passé ne s'accorde **jamais avec le sujet.**

Il s'accorde en genre et en nombre **avec le COD si celui-ci est placé avant le verbe**.

> *Bertrand et Ophélie ont retrouvé leurs sacs à dos.*
>
> [Le participe passé *retrouvé* ne s'accorde pas car le COD *sacs à dos* est placé après le verbe.]
>
> *Les oiseaux que nous avons observés sont magnifiques.*
>
> [Le participe passé *observés* s'accorde avec le COD *oiseaux* car il est placé avant le verbe.]

✳ Repérer le COD

Le COD placé avant le verbe peut être :

– un **pronom personnel** (*m', t', l', nous, vous, les*) ;

> *Ces vitrines, je* les *ai beaucoup admirées.*
>
> [Le participe passé *admirées* s'accorde avec le pronom COD *les* qui reprend le nom féminin pluriel *vitrines*.]

> **ATTENTION** Il ne faut pas confondre un pronom COD avec un pronom COI, qui n'entraîne pas d'accord.
>
> *Nous avons croisé Estelle et Alexandre hier, ils* nous *ont parlé.*
>
> [Nous avons parlé à qui ? à *nous*. Le pronom *nous* est ici COI : *parlé* ne s'accorde pas.]

– un **pronom relatif** (*que, qu'*) ;

> *Les objets* qu'*il a rangés étaient encombrants.*
>
> [Le participe passé *rangés* s'accorde avec le pronom relatif *qu'* qui reprend le nom masculin pluriel *objets*.]

– un **groupe nominal** dans une **phrase interrogative** ou **exclamative**.

> Quels bijoux *as-tu choisis ?*
>
> [Le participe passé *choisis* s'accorde avec le groupe nominal masculin pluriel *quels bijoux*.]
>
> Quelles ruses *a-t-il inventées* !
>
> [Le participe passé *inventées* s'accorde avec le groupe nominal féminin pluriel *quelles ruses*.]

Des exercices pour s'entraîner

1 Coche la bonne réponse.

1. Les voitures ont tourné ☐ tournés ☐ tournées ☐ à gauche.

2. Quels cadeaux as-tu offert ☐ offerts ☐ à ta sœur pour son anniversaire ?

3. Une foule de personnes ont vécu ☐ vécus ☐ vécues ☐ cette expérience incroyable.

4. Les livres que Lola et Roxane ont choisi ☐ choisis ☐ choisies ☐ ont reçu ☐ reçus ☐ des prix.

2 Accorde les participes passés si nécessaire.

1. Les enfants auront passé .... une belle après-midi au Jardin des plantes.

2. J'aime les kakis, j'en ai acheté .... ce matin au marché.

3. Les journalistes ont posé .... les questions qu'ils avaient préparé ....

4. Les épisodes que j'ai vu .... m'ont bien plu ....

5. Le postier ne nous a pas donné .... la bonne enveloppe, celle qu'il nous a remis .... était pour les voisins.

> **COUP DE POUCE** Le participe passé ne s'accorde pas quand le COD placé avant le verbe est le pronom *en*.

3 Réécris les phrases en remplaçant les mots en gras par les mots entre parenthèses. Fais toutes les modifications nécessaires.

1. **Le projet** que Gabriel a présenté a mécontenté ses collègues. (les projets)

....

2. **Laura** n'a pas compté **l'argent** qu'elle a dépensé pour la sortie. (Laura et Jérémie ; les sommes)

....

3. **Lucas** a commandé **un soda** qu'il n'a pas bu. (Lucas et Chloé ; une boisson)

....

4. **Stéphane** a pris **un cliché** de la tour Eiffel et l'a montré à ses parents. (Stéphane et Anne ; une photographie)

....

4 Complète avec un groupe nominal COD de ton choix. Fais attention à bien respecter l'accord du participe passé !

1. ...., les as-tu pressés comme je te l'avais demandé ?

2. .... que Nicolas a secourue a eu de la chance.

3. .... as-tu déjà pratiqué ?

4. ...., je l'ai lue en entier.

5. .... ai-je commises ?

6. ...., pourquoi l'avoir révélée à tout le monde ?

La dictée préparée

5 PREMIÈRE LECTURE **Lis attentivement le texte de la dictée.**

Une campagne inquiétante

Gary, un adolescent, ne supporte pas la campagne et ne se gêne pas pour la polluer. Restera-t-il impuni ?

En s'éloignant de Pye Hall, il avait cueilli des fleurs sauvages et les avait réduites en miettes.

Il avait bu un Coca et jeté la boîte écrasée au milieu d'un parterre de boutons d'or. Il avait à moitié cassé la branche d'un pommier et l'avait laissé pendre au vent. Il avait fumé une cigarette et jeté le mégot incandescent[1] dans les herbes hautes. Ses pieds s'enfonçaient et l'eau recouvrait ses chaussures et trempait ses chaussettes. Grimaçant Gary avait réfléchi un instant et décidé de rebrousser chemin…

Seulement voilà, le chemin qu'il avait emprunté n'était plus là.

■ Anthony Horowitz, *La Photo qui tue, neuf histoires à vous glacer le sang*, traduction Annick Le Goyat, © Le Livre de poche jeunesse, 2014.

1. Incandescent : qui produit une lumière rouge en brûlant.

6 ACCORD DU PARTICIPE PASSÉ AVEC L'AUXILIAIRE *AVOIR* **a. Surligne dans le texte les 11 participes passés employés avec l'auxiliaire *avoir*.**

b. L'un des participes passés n'est pas au masculin singulier. Lequel et pourquoi ?

....

ATTENTION Dans le cas de *il l'avait* laissé *pendre*, le pronom *l'* représente *la branche* mais le participe passé ne s'accorde pas car il est suivi d'un verbe à l'infinitif.

7 ACCORD DES ADJECTIFS **Accorde les adjectifs entre parenthèses.**

Il avait cueilli des fleurs (sauvage) .... • Il avait jeté la boîte (écrasé)

.... • Il avait jeté le mégot (incandescent) .... dans

les herbes (haut) ....

8 MOTS DIFFICILES **Relis la dictée puis recopie sur une feuille ces mots difficiles.**
parterre • mégot • incandescent • rebrousser

9 DICTÉE **Fais la dictée sur une feuille.** Tu peux l'écouter sur @)) www.bescherelle.com

AS-TU RÉUSSI ? Évalue ta dictée en te reportant au corrigé p. XI.

Coche la case si tu as bien écrit :
☐ les participes passés surlignés en jaune, sinon refais l'exercice 1.
☐ les adjectifs et participes passés surlignés en bleu, sinon reporte-toi
   à la méthode 10 p. 42.
☐ les mots encadrés, sinon recopie-les sur une feuille.

La dictée non préparée

10 **DICTÉE** Fais-toi dicter le texte intitulé «Une cachette incertaine» (p. XI).

Tu peux l'écouter sur ((@)) www.bescherelle.com

Mots donnés : saint Pierre

Une cachette incertaine

Une montagne de billets, c'est ce que récupère Damian mais, avec une telle chance, il vaut mieux se cacher.

■ Frank Cottrell Boyce, *Millions*, traduit par Pascale Houssin, © Éditions Gallimard Jeunesse.

COUP DE POUCE Quand deux verbes se suivent, le premier est conjugué et le second est à l'infinitif, sauf dans le cas où le premier verbe est l'auxiliaire *être* ou *avoir*. *J'aime discuter pendant des heures avec mes amies.*

11 **RELIS-TOI** **Prends garde aux points suivants.**

1. Parmi les participes passés employés avec l'auxiliaire *avoir*, en as-tu bien accordé 2 au féminin singulier ?

2. Vérifie que tu as écrit 5 verbes se terminant par *-er*.

AS-TU RÉUSSI ? Évalue ta dictée en te reportant au corrigé p. XI.

Coche la case si tu as bien écrit :
☐ les participes passés surlignés en jaune, sinon refais l'exercice 2.
☐ les verbes à l'infinitif surlignés en bleu, sinon reporte-toi à la méthode 18 p. 74.
☐ les mots encadrés, sinon recopie-les sur une feuille.

13 Les formes en *-ant* : adjectif verbal ou participe présent ?

La méthode

✳ Savoir pourquoi il ne faut pas confondre l'adjectif verbal et le participe présent

L'adjectif verbal ressemble au participe présent car ils se terminent tous deux généralement par **-ant**. Mais il ne faut pas les confondre car :

– l'**adjectif verbal s'accorde en genre et en nombre**, comme un adjectif, alors que le **participe présent reste invariable** ;

> *La démarche du vieillard est hésitante.* [adjectif verbal]
> *Le vieillard, hésitant à se promener seul, reste assis sur un banc.* [participe présent]

– l'**adjectif verbal n'a pas toujours la même orthographe** que le participe présent
(→ tableau ci-dessous).

> **ATTENTION** Le gérondif est aussi une forme en *-ant* composée de la préposition *en* suivie du participe présent. Il est invariable.
> *Elsa s'est brûlée en cuisinant.*

✳ Savoir comment les reconnaître

● L'**adjectif verbal** peut être remplacé par **un autre adjectif**.

> *Ces nouvelles éclairantes permettent de comprendre l'actualité.* [extraordinaires]

> **ASTUCE** Si tu peux mettre la forme en *-ant* au féminin, il s'agit d'un adjectif verbal.
> *Cet élève brillant a été félicité.*
> → *Cette élève brillante a été félicitée.*

● Le **participe présent** peut être :

– **suivi d'un complément** : COD, COI ou complément circonstanciel ;

> *Éclairant <u>la place</u>, les lampes créaient des halos pailletés.* [la place est COD de éclairant]

– modifié par **ne... pas**. *Les lampes <u>n</u>'éclairant <u>pas</u> la place, les passants trébuchaient.*

✳ Connaître l'orthographe de certains adjectifs verbaux

Le participe présent se forme toujours avec la terminaison *-ant* ajouté au radical du verbe. Ce n'est pas toujours le cas de l'adjectif verbal. Voici les différentes exceptions.

Verbes	Participe présent	Adjectif verbal
certains verbes en *-guer*	*intriguant, fatiguant, naviguant...*	*intrigant, fatigant, navigant...*
certains verbes en *-quer* + convaincre	*provoquant, convainquant...*	*provocant, convaincant...*
certains verbes en *-ger*	*négligeant, convergeant...*	*négligent, convergent...*
adhérer, différer, équivaloir, influer, précéder...	*adhérant, différant, équivalant, influant, précédant...*	*adhérent, différent, équivalent, influent, précédent...*

1 Complète avec le participe présent ou le gérondif des verbes entre parenthèses.

1. J'ai cassé ma tasse en la (reposer) ....

2. La voiture s'est arrêtée au milieu de la chaussée, (provoquer) .... un embouteillage.

3. Le clown, (jaillir) .... de sa boîte, les fit sursauter.

4. Je me ressource en (naviguer) .... au large.

2 Réécris les phrases en remplaçant le groupe nominal en gras par le groupe nominal entre parenthèses. Fais toutes les modifications nécessaires.

1. Cette émission connaît **un succès** retentissant. (une gloire)

....

2. **L'homme** ignorant est à plaindre. (les hommes)

....

3. Négligent, **l'enfant** partit à l'école sans son cartable. (les filles)

....

4. **Le comédien**, hésitant, s'avance sur la scène. (les comédiennes)

....

3 Coche la bonne réponse.

1. Léo sait être très convaincant ☐ convainquant ☐ quand il veut.

2. L'exercice précédent ☐ précédant ☐ celui-ci porte sur les déterminants.

3. Ce comportement provoquant ☐ provocant ☐ n'est pas admis.

4. Des silhouettes apparaissaient, émergeant ☐ émergentes ☐ du brouillard.

> **COUP DE POUCE** Si tu peux mettre la forme en –*ant* à la forme négative, il s'agit d'un participe présent. *Elle se leva, menaçant de quitter la réunion. → Elle se leva, ne menaçant pas de quitter la réunion.*

4 Complète les phrases à l'aide des participes présents et adjectifs verbaux suivants.
fortifiantes • influant • influent • prévoyant • prévoyants • suivant • zigzaguant

1. En .... entre les piquets, le skieur impressionna le public.

2. Les vitamines .... ont toujours mauvais goût.

3. .... sur l'assemblée, il obtint le silence.

4. .... une averse, ils prirent leur parapluie.

5. En .... ce chemin, je découvris un nouveau quartier.

6. Nicolas et sa sœur, ..., réservèrent leurs billets de train en avance.

7. C'est un homme ...., on l'écoute toujours.

La dictée préparée

5 PREMIÈRE LECTURE **Lis attentivement le texte de la dictée.**

La naissance de l'amour

Dame de compagnie d'une riche comtesse, Lisabeta Ivanovna mène une vie monotone jusqu'à ce que son regard se pose sur un jeune officier, Hermann.

Deux jours après, elle le revit planté droit devant la porte, la figure à demi cachée par un collet[1] de fourrure, mais ses yeux noirs étincelaient sous son chapeau. Lisabeta eut peur sans trop savoir pourquoi, et s'assit en tremblant dans la voiture.

De retour à la maison, elle courut à la fenêtre avec un battement de cœur ; l'officier était à sa place habituelle, fixant sur elle un regard ardent[2]. Aussitôt elle se retira, mais brûlante de curiosité et en proie à un sentiment qu'elle éprouvait pour la première fois.

D'après Alexandre Pouchkine, *La Dame de pique*, 1834.

1. Collet : petit col.   **2. Ardent :** brûlant.

6 PARTICIPE PRÉSENT OU ADJECTIF VERBAL ? **a. Relève les formes en *-ant* de la dictée.**

b. Parmi les formes relevées, laquelle est un adjectif verbal ? Avec quel mot s'accorde-t-elle ?

7 PASSÉ SIMPLE **Conjugue les verbes entre parenthèses au passé simple.**

Lisabeta le (revoir) .... planté droit devant la porte. Elle (avoir) ....

peur et (s'asseoir) .... en tremblant dans la voiture. De retour à la maison,

elle (courir) .... à la fenêtre avec un battement de cœur. Il la fixait d'un regard

ardent. Aussitôt elle (se retirer) ....

8 MOTS DIFFICILES **Relis la dictée puis recopie sur une feuille ces mots difficiles.**
fourrure • ardent • en proie

9 DICTÉE **Fais la dictée sur une feuille.**   Tu peux l'écouter sur @))) www.bescherelle.com

> **AS-TU RÉUSSI ? Évalue ta dictée en te reportant au corrigé p. XII.**
>
> Coche la case si tu as bien écrit :
> ☐ les formes en *-ant* surlignées en jaune, sinon refais l'exercice 3.
> ☐ les verbes surlignés en bleu, sinon reporte-toi à la méthode 2 p. 10.
> ☐ les mots encadrés, sinon recopie-les sur une feuille.

La dictée non préparée

10 DICTÉE **Fais-toi dicter le texte intitulé «Un homme sans cœur» (p. XII).**

Tu peux l'écouter sur @))) www.bescherelle.com

Mots donnés : hardie • l'infortunée • un remords

Un homme sans cœur

Hermann vient rendre visite à Lisabeta et lui révèle qu'il a causé accidentellement la mort de la comtesse.

■ D'après Alexandre Pouchkine, *La Dame de pique*, 1834.

> **COUP DE POUCE** Le participe passé *inspiré* s'accorde au masculin singulier avec le pronom COD *l'* qui reprend *tout cela*.

11 RELIS-TOI **Prends garde aux points suivants.**

1. Parmi les 3 formes en *-ant* du texte, 2 sont des adjectifs verbaux. Les as-tu accordés en genre et en nombre avec le nom auquel ils se rapportent ?

2. Parmi les 6 verbes conjugués du texte, vérifie que tu en as accordé 1 au pluriel.

> **AS-TU RÉUSSI ?** **Évalue ta dictée en te reportant au corrigé p. XII.**
>
> Coche la case si tu as bien écrit :
> ☐ les formes en *-ant* surlignées en jaune, sinon refais l'exercice 4.
> ☐ les sujets et les verbes soulignés, sinon reporte-toi à la méthode 7 p. 30.
> ☐ les mots encadrés, sinon recopie-les sur une feuille.

14. Quand faut-il accorder *leur* ?

La méthode

✳ Dans quel cas *leur* est-il invariable ?

Leur, **devant un verbe**, est un **pronom personnel** : il est **invariable** et ne prend donc **jamais de s**. On peut le remplacer par *lui*.

> Elle *leur* <u>a indiqué</u> le chemin. *[→ Elle lui a indiqué le chemin.]*

✳ Dans quel cas *leur* s'accorde-t-il ?

Leur, **devant un nom** ou **un groupe nominal**, est un **déterminant possessif** : il **s'accorde avec le nom** auquel il se rapporte. On peut remplacer *leur* par *son/sa* et *leurs* par *ses*.

> *Leur* <u>voyage</u> avait duré un mois. *[→ Son voyage avait duré un mois.]*
> *Leurs* <u>vacances</u> au Portugal ont été très reposantes. *[→ Ses vacances au Portugal ont été très reposantes.]*

> **ATTENTION** *le leur, la leur* sont des pronoms possessifs qui deviennent **les leurs** au pluriel.
> *Emma a déjà acheté son ticket, Ludovic et Antoine n'ont pas encore acheté les leurs.*

Des exercices pour s'entraîner

1 Relie les deux colonnes pour former des phrases.

1. J'ai été enchanté par leur •   • cousins.
2. Ils ont appris à skier sans leurs •   • a téléphoné.
3. Dès son arrivée, elle leur •   • bâtons.
4. Elles ont passé les vacances avec leurs •   • adressait la parole.
5. C'était la toute première fois qu'il leur •   • bonne humeur.

2 Complète les phrases avec *leur* ou *leurs*.

1. Les projets de .... parents ne plaisaient pas à Tom et à Léa.
2. .... emploi du temps .... convenait parfaitement.
3. Il .... fallut peu de temps pour découvrir .... véritables intentions.
4. .... avenir était tout tracé : ils seraient commerçants comme tous les membres de .... famille.

> **COUP DE POUCE** Pour choisir entre *leur* et *leur(s)*, observe le mot qui suit : est-ce un verbe ou un nom ?

3 Réécris les phrases en remplaçant les mots en gras par les mots entre parenthèses. Fais toutes les modifications nécessaires.

1. **Cet enfant** parle mal à sa mère. (ces enfants)

2. **Le randonneur** a pris son sac à dos et ses lunettes de soleil. (les randonneurs)

3. Le professeur demande **à l'élève** de sortir ses affaires et lui distribue la leçon. (aux élèves)

4. J'ai dit **à Frédéric** qu'il était trop bruyant, je le lui ai même répété. (à Frédéric et Emmanuel)

4 Mots dans le désordre. Remets les mots dans le bon ordre pour former des phrases.

1. visite / la / leur / plu / de / ville / beaucoup / a / la

2. leurs / formatrices / ils / très / en / expériences / trouvent / entreprise

3. d'enfants / été / au / leurs / grenier / jouets / ont / remisés

4. offert / leurs / ont / guimauves / grands-parents / des / leur

5. pour / leurs / leur / passion / cuisine / amis / ravit / nouvelle / la

6. garé / voiture / la / rue / parking / ils / ont / leur / dans / laissé / elles / ont / le / leur / dans / la

COUP DE POUCE Pour une des phrases, plusieurs solutions sont possibles.

La dictée préparée

5 **PREMIÈRE LECTURE** Lis attentivement le texte de la dictée.

Des signes de vampirisme

Grégoriska révèle à Hedwige que des vampires ont été repérés dans son domaine des Carpathes.

— Oui, dans mon enfance, j'ai vu déterrer, dans le cimetière d'un village appartenant à mon père, quarante personnes, mortes en quinze jours, sans que l'on pût deviner la cause de leur mort. Dix-sept ont donné tous les signes du vampirisme, c'est-à-dire qu'on les a retrouvés frais, vermeils[1], et pareils à des vivants, les autres étaient leurs victimes.
— Et que fit-on pour en délivrer le pays ?
— On leur enfonça un pieu[2] dans le cœur, et on les brûla ensuite.

> ■ D'après Alexandre Dumas, *La Dame pâle*, 1849.

1. Vermeils : au teint rouge. **2. Pieu :** long morceau de bois au bout pointu.

> **COUP DE POUCE** La forme *pût* correspond au verbe *pouvoir* conjugué au subjonctif imparfait à la 3e personne du singulier. N'oublie pas l'accent circonflexe sur le *u* !

6 *LEUR OU LEURS* ? Complète par *leur* ou *leurs* puis coche la bonne réponse.

On ne pût deviner la cause de .... mort.   pronom personnel ☐   déterminant ☐

Les autres étaient .... victimes.   pronom personnel ☐   déterminant ☐

On .... enfonça un pieu dans le cœur.   pronom personnel ☐   déterminant ☐

7 **FORMES VERBALES EN** *ER/É* Complète les formes verbales par *é, és* ou *er*.

— J'ai vu déterr............ quarante personnes sans que l'on pût devin............ la cause de leur mort.

Dix-sept ont donn............ tous les signes du vampirisme, c'est-à-dire qu'on les a retrouv............

pareils à des vivants.

— Et que fit-on pour en délivr............ le pays ?

> **COUP DE POUCE** N'oublie pas que le participe passé employé avec l'auxiliaire *avoir* s'accorde avec le COD s'il est placé avant le verbe.

8 **MOTS DIFFICILES** Relis la dictée puis recopie sur une feuille ces mots difficiles.
déterrer • vermeils

9 **DICTÉE** Fais la dictée sur une feuille.   Tu peux l'écouter sur @))) www.bescherelle.com

> **AS-TU RÉUSSI ?** Évalue ta dictée en te reportant au corrigé p. XII.
>
> Coche la case si tu as bien écrit :
> ☐ les formes *leur(s)* surlignées en jaune, sinon refais l'exercice 1.
> ☐ les formes en *er/é* surlignées en bleu, sinon reporte-toi à la méthode 18 p. 74.
> ☐ les mots encadrés, sinon recopie-les sur un feuille.

10 **DICTÉE** Fais-toi dicter le texte intitulé «Grandeur et splendeur des Carpathes» (p. XIII).

Tu peux l'écouter sur @))) www.bescherelle.com

Mots donnés : nues • nacelle • sillonnés

Grandeur et splendeur des Carpathes

Edwige découvre avec émotion les montagnes des Carpathes.

....

....

....

....

....

....

....

....

....

....

....

....

....

■ D'après Alexandre Dumas, *La Dame pâle*, 1849.

11 **RELIS-TOI** Prends garde aux points suivants.

1. As-tu bien accordé 3 fois *leur* au pluriel ?

2. Parmi les 8 adjectifs ou participes passés employés comme adjectifs, vérifie que tu en as accordé 1 au masculin pluriel et 4 au féminin pluriel.

> **AS-TU RÉUSSI ?** Évalue ta dictée en te reportant au corrigé p. XIII.
>
> Coche la case si tu as bien écrit :
> ☐ les formes *leur(s)* surlignées en jaune, sinon refais l'exercice 4.
> ☐ les adjectifs ou participes passés surlignés en bleu, sinon reporte-toi
> à la méthode 10 p. 42.
> ☐ les mots encadrés, sinon recopie-les sur un feuille.

15 Comment distinguer les homophones *ai*, *aie*, *aies*, *ait*, *aient*, *es*, *est* ?

La méthode

✳ Comprendre le problème

Ai, *aie*, *aies*, *ait*, *aient*, *es*, *est* sont des **homophones verbaux**. Ils se prononcent presque de la même manière mais ne sont pas issus du même verbe :

– *ai*, *aie*, *aies*, *ait* et *aient* sont des **formes conjuguées du verbe *avoir*** ;

– *es*, *est* sont des **formes conjuguées du verbe *être***.

Pour bien les utiliser, il faut savoir les reconnaître.

✳ Reconnaître les homophones du verbe *avoir*

Formes du verbe *avoir*	Temps, mode et personne	Astuce pour les reconnaître	Exemple
ai	présent de l'indicatif, 1re personne du singulier	On peut remplacer *ai* par *avons*.	*J'ai conscience de leurs efforts.* → *Nous avons conscience de leurs efforts.*
aie, aies, ait, aient	présent du subjonctif, 1re, 2e, 3e personnes du singulier + 3e personne du pluriel	On peut remplacer *aie*, *aies*, *ait*, *aient* par *ayons*.	*Pourvu que j'aie assez de temps !* → *Pourvu que nous ayons assez de temps !*

> **ASTUCE** On trouve le mode subjonctif dans des phrases qui expriment un sentiment, un doute, et après des locutions conjonctives comme *bien que*, *afin que*... (→ séquence 5 p. 22).
> *Je <u>suis ravi que</u> tu aies décidé de venir !*

✳ Reconnaître les homophones du verbe *être*

🔹 Les formes *es* et *est* correspondent au verbe *être* conjugué au présent de l'indicatif à la 2e et à la 3e personne du singulier.

🔹 Pour savoir s'il s'agit des formes *es* et *est* ou d'une forme du verbe *avoir* (*ai*, *aie*, *aies*, *ait* ou *aient*), on peut essayer de les remplacer par *étais* et *était*.

> *Le chef d'orchestre est satisfait de la répétition.* → *Le chef d'orchestre était satisfait de la répétition.*

> **ATTENTION** Ne confonds pas *est* et *et*, conjonction de coordination que l'on peut remplacer par *et puis*.
> *Théo est sensible <u>et</u> délicat.* [= sensible et puis délicat]

1 Entoure le verbe ou l'auxiliaire *avoir* au subjonctif et coche la bonne réponse.

1. Thomas est brillant bien qu'il ait toujours peur de ne pas réussir.

☐ 1ʳᵉ pers. sing.   ☐ 2ᵉ pers. sing.   ☐ 3ᵉ pers. sing.   ☐ 3ᵉ pers. plur.

2. Il faut que les enfants aient fini leur exercice pour le lendemain.

☐ 1ʳᵉ pers. sing.   ☐ 2ᵉ pers. sing.   ☐ 3ᵉ pers. sing.   ☐ 3ᵉ pers. plur.

3. Afin que tu n'aies aucune crainte, je te laisse mon numéro de téléphone.

☐ 1ʳᵉ pers. sing.   ☐ 2ᵉ pers. sing.   ☐ 3ᵉ pers. sing.   ☐ 3ᵉ pers. plur.

2 Complète les phrases.

1. Je t'interdis de sortir jouer, à moins que tu .... (avoir, subjonctif présent) fini ton exercice.

2. J'................. (avoir, indicatif présent) une faim de loup, c'................. (être, indicatif présent) la fin de la matinée.

3. Pourvu qu'il n'................. (avoir, subjonctif présent) pas oublié sa clé, j'................. (avoir, indicatif présent) égaré la mienne !

4. Il faut qu'ils .... (avoir, subjonctif présent) rangé l'appartement avant l'arrivée de leurs invités.

3 Complète les phrases avec *es, est, ai, aie, aies, ait* ou *aient*.

1. Je crois que tu n'................. pas médecin.

2. Il faut que tu .... l'apparence d'un notable.

3. Je crains qu'il n'................. pas les moyens de guérir Lucinde.

4. Pourvu qu'elle .... le temps de fuir avec Léandre !

5. Géronte veut que le prétendant de sa fille .... des biens.

6. Je les .... vus s'enfuir par la fenêtre.

7. Lucinde .... aidée par sa nourrice.

8. C'................. la plus charmante nourrice que Sganarelle .... jamais vue.

4 Choisis la forme qui convient.

Géronte, prenant Sganarelle pour un médecin, lui confie sa fille.

Géronte.— Monsieur, j'(ai/aie) .... une fille qui (ai/aie/est) .... tombée dans une étrange maladie.

Sganarelle.— Je suis ravi, Monsieur, que votre fille (aie/aies/ait) .... besoin de moi : et je souhaiterais de tout mon cœur, que vous en eussiez besoin, aussi, vous et toute votre famille.

D'après Molière, *Le Médecin malgré lui*, 1666.

La dictée préparée

5 PREMIÈRE LECTURE **Lis attentivement le texte de la dictée.**

Un prétendant indésirable

Géronte confie à Sganarelle ses craintes au sujet des sentiments de sa fille Lucinde pour Léandre.

GÉRONTE.— Vous ne sauriez croire comme elle est affolée de ce Léandre.

SGANARELLE.— La chaleur du sang fait cela dans les jeunes esprits.

GÉRONTE.— Pour moi, dès que j'ai eu découvert la violence de cet amour, j'ai su tenir toujours ma fille renfermée.

SGANARELLE.— Vous avez fait sagement.

GÉRONTE.— Et j'ai bien empêché qu'ils n'aient eu communication ensemble.

SGANARELLE.— Fort bien.

GÉRONTE.— Il serait arrivé quelque folie, si j'avais souffert[1] qu'ils se fussent vus.

SGANARELLE.— Sans doute[2].

GÉRONTE.— Et je crois qu'elle aurait été fille à s'en aller avec lui.

SGANARELLE.— C'est prudemment raisonné.

■ D'après Molière, *Le Médecin malgré lui* (III, 7), 1666.

1. Souffert : toléré. **2. Sans doute :** sans aucun doute.

6 HOMOPHONES *EST, AI* ET *AIENT* **Surligne les 6 formes d'*avoir* et *être* qui se prononcent é ou è puis complète le tableau. N'indique qu'une seule fois les formes identiques.**

Verbes homophones	Infinitif	Mode et temps	Personne

7 FORMES VERBALES EN *EZ/ER/É* **Complète les formes verbales par *ez*, *er* ou *é*.**

Vous ne sauri........ croire comme Lucinde est amoureuse de Léandre. J'ai empêch........ toute communication entre eux car elle aurait été fille à s'en all........ avec lui.

8 MOTS DIFFICILES **Relis la dictée puis recopie sur une feuille ces mots difficiles.**
affolée • quelque • prudemment

9 DICTÉE **Fais la dictée sur une feuille.** Tu peux l'écouter sur @))) www.bescherelle.com

---

AS-TU RÉUSSI ? Évalue ta dictée en te reportant au corrigé p. XIII.

Coche la case si tu as bien écrit :
☐ les homophones surlignés en jaune, sinon refais l'exercice 3.
☐ les formes en ***ez/er/é*** surlignées en bleu, sinon reporte-toi à la méthode 18 p. 74.
☐ les mots encadrés, sinon recopie-les sur une feuille.

La dictée non préparée

10 **DICTÉE** Fais-toi dicter le texte intitulé «Le monologue d'Harpagon» (p. XIII-XIV).

Tu peux l'écouter sur @)) www.bescherelle.com

Mots donnés : ressusciter • épié

Le monologue d'Harpagon

L'avare Harpagon découvre qu'on a volé la cassette[1] contenant son argent.

....

....

....

....

....

....

....

....

....

....

....

....

....

1. Cassette : coffret.

■ D'après Molière, *L'Avare* (IV, 7), 1668.

> **ZOOM** *Je puis* est l'équivalent de *je peux* dans un niveau de langue soutenu.

11 **RELIS-TOI** Prends garde aux points suivants.

1. Vérifie que tu as écrit 2 fois *ai*, 2 fois *ait,* 1 fois *es* et 4 fois *est*.

2. As-tu bien écrit *vouloir* et *être* au subjonctif présent, à la 3e personne du singulier ?

> **AS-TU RÉUSSI ?** Évalue ta dictée en te reportant au corrigé p. XIII-XIV.
>
> Coche la case si tu as bien écrit :
> ☐ les homophones surlignés en jaune, sinon refais l'exercice 4.
> ☐ les verbes surlignés en bleu, sinon reporte-toi à la méthode 5 p. 22.
> ☐ les mots encadrés, sinon recopie-les sur une feuille.

16 Comment distinguer les homophones *ma, m'a ; mon, m'ont ; les, l'ai ; la, l'a ?*

La méthode

✸ Veiller à ne pas confondre *ma/m'a* et *mon/m'ont*

● *ma* et *mon* sont des **déterminants possessifs**. Ils sont donc suivis d'un nom ou d'un groupe nominal. On peut les remplacer par *mes*.

> *Ma règle et mon compas sont cassés.* [→ Mes règles et mes compas sont cassés.]

● *m'a* et *m'ont* sont constitués du **pronom personnel *m'*** (= me) et de l'auxiliaire *avoir* **au présent, à la 3e personne du singulier et du pluriel**. Ils sont suivis d'un participe passé. On peut remplacer *m'a* par *m'avait* et *m'ont* par *m'avaient*.

> *Il m'a [m'avait] rattrapé à la sortie. / Ils m'ont [m'avaient] demandé de ne rien dire.*

✸ Veiller à ne pas confondre *les/l'ai* et *la/l'a*

● *la* et *les* sont des **déterminants s'ils sont suivis d'un nom**. On peut les remplacer par *une* ou *des*.

> *C'est la route [une route] que j'emprunte.*
>
> *Ce sont les routes [des routes] que j'emprunte.*

● *la* et *les* sont des **pronoms personnels s'ils sont suivis d'un verbe**.

> *Cette route, ils la conseillent aux automobilistes.*
>
> *Ces routes, ils les conseillent aux automobilistes.*

● *l'ai* et *l'a* sont constitués du **pronom personnel *l'*** (= le) et de l'auxiliaire *avoir* **au présent, aux 1re et 3e personnes du singulier**. Ils sont suivis d'un participe passé. On peut remplacer *l'ai* par *l'avais* et *l'a* par *l'avait*.

> *Je l'ai [l'avais] vu au cinéma. / Il l'a [l'avait] lu récemment.*

> **ATTENTION** Ne confonds pas *la* et *l'a* avec l'adverbe de lieu *là*. Tu peux remplacer *là* par *ici* ou *-ci*.
> *C'est là [ici] qu'on s'est rencontrés la première fois.*
> *Je n'aime pas ce parfum-là [-ci].*

66

Des exercices pour s'entraîner

1 **Coche la bonne réponse.**

1. Les médecins mon ☐ m'ont ☐ dit que je n'avais rien de grave.

2. Cette rose, je les ☐ l'ai ☐ cueillie pour toi.

3. Mon ☐ M'ont ☐ frère ma ☐ m'a ☐ appris à faire du vélo.

4. Ce devoir ma ☐ m'a ☐ déstabilisé, la ☐ l'a ☐ leçon n'était pourtant pas difficile.

2 **Conjugue les verbes en gras au passé composé.**

1. Ma sœur m'**avait certifié** que je n'aurais pas d'ennuis.

2. Je l'**avais surpris** en train de manger les cerises du clafoutis.

3. Mes voisins m'**avaient permis** de venir dans leur jardin en leur absence.

4. Il l'**avait rencontrée** à une fête chez son ami Noé.

3 **Complète les phrases avec** *ma, m'a, mon, m'ont, l'ai* **ou** *les.*

1. Pour la soirée, j'ai choisi de porter .... jean gris et .... chemise blanche.

2. Du haut de la balustrade, Marion observe .... passants, elle .... trouve amusants.

3. Ils .... conseillé d'être patient.

4. Mes amis, je .... appelle tous .... jours.

5. Cette statue, je .... déjà admirée dans .... galeries du Louvre.

6. Elle .... confié qu'elle avait toujours envié .... tempérament optimiste.

4 **Mots dans le désordre. Remets les mots dans le bon ordre pour former des phrases. Pour t'aider, le premier mot de la phrase est en gras.**

1. reconnue / les / journal / l'ai / pages / dans / **je** / du

2. oncle / emmené / à / **mon** / et / pêche / père / m'ont / mon / eux / avec / la

3. cœur / d'histoire / elle / par / leçon / l'a / plusieurs / relue / la / **Éva** / connaît / veille / fois / la

4. m'a / son / adresse mail / lui / visite / donné / je / ai / carte / **il** / et / de / laissé / ma

La dictée préparée

5 PREMIÈRE LECTURE Lis attentivement le texte de la dictée.

Un homme au ban de la société

Tout juste libéré du bagne, Jean Valjean cherche un endroit où dormir. Il rencontre par hasard un évêque, Monseigneur Bienvenu.

Je m'appelle Jean Valjean. Je suis un galérien. J'ai passé dix-neuf ans au bagne. Je suis libéré depuis quatre jours et en route pour Pontarlier qui est ma destination. Ce soir, en arrivant dans ce pays, j'ai été dans une auberge, on m'a renvoyé à cause de mon passeport jaune que j'avais montré à la mairie. Il avait fallu. J'ai été à une autre auberge. On m'a dit : Va-t-en ! J'ai été dans la niche d'un chien. Ce chien m'a mordu et m'a chassé, comme s'il avait été un homme. On aurait dit qu'il savait qui j'étais.

■ D'après Victor Hugo, *Les Misérables*, 1862.

ATTENTION Sois attentif à l'impératif *va-t-en* : il n'y a pas de *s* à la deuxième personne du singulier. N'oublie pas le *t* et les deux tirets.

6 HOMOPHONES *MA/M'A* Relève les homophones *ma* et *m'a* dans le texte et complète le tableau.

Déterminant possessif + nom (1 forme)	Pronom + auxiliaire *avoir* + participe passé (4 formes)

7 HOMOPHONES *AI, EST* Surligne, dans le texte, les homophones verbaux en *é/è* puis réponds aux questions.

Combien de fois la forme verbale *est* apparaît-elle ? ....

Combien de fois la forme verbale *ai* apparaît-elle ? ....

8 MOTS DIFFICILES Relis la dictée puis recopie sur une feuille ces mots difficiles.
galérien • bagne

9 DICTÉE Fais la dictée sur une feuille. Tu peux l'écouter sur @))) www.bescherelle.com

AS-TU RÉUSSI ? **Évalue ta dictée en te reportant au corrigé p. XIV.**

Coche la case si tu as bien écrit :
☐ les homophones surlignés en jaune, sinon refais l'exercice 3.
☐ les homophones surlignés en bleu, sinon reporte-toi à la méthode 15 p. 62.
☐ les mots encadrés, sinon recopie-les sur une feuille.

La dictée non préparée

10 DICTÉE **Fais-toi dicter le texte intitulé «Les dernières volontés d'une mère» (p. XIV).**

Tu peux l'écouter sur @))) www.bescherelle.com

Mots donnés : Thénardier

Les dernières volontés d'une mère

Très malade, Fantine attend le maire, M. Madeleine, qui est en fait Jean Valjean. Il lui a promis de lui ramener sa fille Cosette.

■ D'après Victor Hugo, *Les Misérables*, 1862.

11 RELIS-TOI **Prends garde aux points suivants.**

1. As-tu bien écrit 5 fois *la* et 1 fois *là* ? 2 fois *ma* et 1 fois *m'a* ?

2. Parmi les participes passés employés avec l'auxiliaire *avoir*, vérifie que tu en as accordé 2 au féminin singulier.

> AS-TU RÉUSSI ? **Évalue ta dictée en te reportant au corrigé p. XIV.**
>
> Coche la case si tu as bien écrit :
> ☐ les homophones surlignés en jaune, sinon refais l'exercice 4.
> ☐ les participes passés surlignés en bleu, sinon reporte-toi à la méthode 12 p. 50.
> ☐ les mots encadrés, sinon recopie-les sur une feuille.

17 Comment distinguer les homophones *ces, ses, c'est* et *s'est* ?

La méthode

✳ Veiller à ne pas confondre *ces* et *ses*

● **Ces** est un **déterminant démonstratif** au pluriel : il sert à montrer. Il précède un nom ou un groupe nominal. On peut le remplacer par *ce, cette* ou *cet*. On peut aussi ajouter *là* à la suite du nom.

> *À qui appartiennent ces clés ?* [→ *À qui appartient cette clé ? / À qui appartiennent ces clés-là ?*]

● **Ses** est un **déterminant possessif** au pluriel : il indique la possession. Il précède aussi un nom ou un groupe nominal. On peut le remplacer par *son* ou *sa*.

> *Il a perdu ses clés.* [→ *Il a perdu sa clé.*]

✳ Veiller à ne pas confondre *c'est* et *s'est*

● **C'est** est composé du **pronom démonstratif *c'*** (*cela*) et du **verbe *être* au présent**. Il est suivi d'un nom, d'un pronom ou d'un adjectif. On peut le remplacer par *cela est*.

> *C'est incroyable !* [→ *Cela est incroyable !*]

C'est peut être suivi de *que* / *qui*. Il met alors en valeur le mot qui suit.

> *C'est en Bretagne qu'ils ont passé leurs dernières vacances.*

● **S'est** est formé du **pronom réfléchi *s'*** (*se*) et de l'**auxiliaire *être* au présent**. Il sert à conjuguer un verbe pronominal (comme *se promener*) au passé composé. Il est donc suivi d'un participe passé. On peut remplacer (*il/elle/on*) *s'est* par (*je*) *me suis*.

> *Il s'est promené dans Paris.* [→ *Je me suis promené dans Paris.*]

> **ATTENTION** Ne confonds pas les homophones *ces, ses, c'est* et *s'est* avec *sais* ou *sait*, formes du verbe *savoir* au présent. On peut remplacer *sais* et *sait* par *savais* et *savait*.
> *Je sais comment faire.* [→ *Je savais comment faire.*]

1 Complète les phrases avec *ses* ou *ces*.

1. .... chemises sont jolies, je vais en acheter une.

2. Louis a invité .... cousines à son anniversaire.

3. Un de .... jours, j'irai à Barcelone.

4. .... enfants sont vraiment bavards.

5. Il oublie toujours d'apporter .... cahiers et .... livres en cours.

2 Coche la bonne réponse.

1. Il c'est ☐ s'est ☐ blessé au genou.

2. C'est ☐ S'est ☐ à Londres que se trouve le British Museum.

3. Elle c'est ☐ s'est ☐ rendue compte de son erreur.

4. Maëlle, c'est ☐ s'est ☐ une amie d'Emma.

5. Jamais elle ne c'est ☐ s'est ☐ sentie mieux.

3 Complète les phrases avec *ses, ces, c'est* ou *s'est*.

1. Lors de .... vacances au ski, Romain .... cassé une jambe.

2. Didier .... endormi pendant le cours, ... parents en ont été informés.

3. .... toujours la même chose avec Léa, elle n'est jamais à l'heure.

4. Clément .... informé de l'heure du match pour y assister avec .... amis.

5. .... dernières vacances n'ont guère été reposantes.

6. Ma série préférée .... achevée en beauté.

4 Relie les deux colonnes pour former des phrases.

1. Le sportif s'est • • performances extraordinaires.

2. Le skateboard, c'est • • coudières et genouillères.

3. Tout le monde sait • • assez difficile.

4. La sportive a mis ses • • filmé en train de faire des figures.

5. J'ai déjà assisté à ces • • au moins patiner sur la glace.

6. Trouver l'équilibre en skate, c'est • • relevé sans blessure.

7. Le skateur s'est • • le sport urbain que je préfère.

La dictée préparée

5 PREMIÈRE LECTURE **Lis attentivement le texte de la dictée.**

Comme un lion en cage

Le narrateur, condamné à mort, pense aux criminels qui l'ont précédé dans la prison.

C'est ici, sur la même dalle où je suis, qu'ils ont pensé leurs dernières pensées, ces hommes de meurtre et de sang ! C'est autour de ce mur, dans ce carré étroit, que leurs derniers pas ont tourné comme ceux d'une bête fauve. Ils se sont succédé à de courts intervalles ; il paraît que ce cachot ne désemplit pas. Ils ont laissé la place chaude, et c'est à moi qu'ils l'ont laissée.

■ D'après Victor Hugo, *Le Dernier Jour d'un condamné*, 1829.

6 CES OU *C'EST* ? **Relève les homophones de la dictée et complète le tableau.**

Déterminant démonstratif + GN	Présentatif *c'est* + complément

7 ACCORD DU PARTICIPE PASSÉ AVEC L'AUXILIAIRE *AVOIR* **a. Recopie les 4 verbes conjugués au passé composé avec l'auxiliaire *avoir*.**

1. ....
2. ....
3. ....
4. ....

b. Quel participe passé s'accorde ? Avec quel mot ? Pourquoi ? ....
....

ATTENTION Le participe passé du verbe *se succéder* ne s'accorde pas.

8 MOTS DIFFICILES **Relis la dictée puis recopie sur une feuille ces mots difficiles.**
dalle • pensées • intervalles • cachot

9 DICTÉE **Fais la dictée sur une feuille.** Tu peux l'écouter sur @))) www.bescherelle.com

AS-TU RÉUSSI ? Évalue ta dictée en te reportant au corrigé p. XV.

Coche la case si tu as bien écrit :
☐ les homophones surlignés en jaune, sinon refais l'exercice 3.
☐ les participes passés surlignés en bleu, sinon reporte-toi à la méthode 12 p. 50.
☐ les mots encadrés, sinon recopie-les sur une feuille.

La dictée non préparée

10 DICTÉE **Fais-toi dicter le texte intitulé «C'est pour aujourd'hui !» (p. XV).**

Tu peux l'écouter sur www.bescherelle.com

Mots donnés : le geôlier • les guichetiers • Bicêtre • bénin

C'est pour aujourd'hui !

Un détenu condamné à mort découvre avec stupeur que son exécution doit avoir lieu le jour même.

▪ D'après Victor Hugo, *Le Dernier Jour d'un condamné*, 1829.

> **COUP DE POUCE** Le participe passé *(s'est) fait* s'accorde au masculin singulier avec *Bicêtre*.

11 RELIS-TOI **Prends garde aux points suivants.**

1. Vérifie que tu as employé 1 fois *ces*, 2 fois *ses*, 2 fois *s'est* et 6 fois *c'est*.

2. As-tu bien accordé 1 participe passé employé comme adjectif au féminin singulier et 3 adjectifs au féminin pluriel ?

> **AS-TU RÉUSSI ? Évalue ta dictée en te reportant au corrigé p. XV.**
>
> Coche la case si tu as bien écrit :
> ☐ les homophones surlignés en jaune, sinon refais l'exercice 4.
> ☐ les adjectifs ou participes passés surlignés en bleu, sinon reporte-toi à la méthode 10 p. 42.
> ☐ les mots encadrés, sinon recopie-les sur une feuille.

18 Comment distinguer les formes verbales en *ez/er/é* ?

La méthode

✳ Reconnaître la forme -ez

La terminaison **-ez** est la marque de la **2ᵉ personne du pluriel au présent de l'indicatif**. Un verbe qui se termine par *-ez* est donc toujours précédé du pronom personnel *vous*, sauf dans le cas de l'impératif.

> *Vous* terminez *vos exercices.* / *Terminez* *vos exercices !*

✳ Distinguer l'infinitif -er et le participe passé -é

● La terminaison **-er** est la marque de l'**infinitif des verbes du premier groupe**. On emploie l'infinitif **après un verbe conjugué**, sauf s'il s'agit d'un auxiliaire, ou **après une préposition**. On peut remplacer le verbe en *-er* par l'infinitif d'un verbe du 3ᵉ groupe comme *prendre* ou *faire*.

> *Nous irons* acheter *du pain.* [→ *Nous irons prendre du pain.*]

● La terminaison **-é** est la marque du **participe passé des verbes du premier groupe** au masculin singulier. On emploie le participe passé **après les auxiliaires *être*** ou *avoir* pour former les temps composés (→ séquence 6 p. 26). On peut remplacer le verbe en *-é* par le participe passé d'un verbe du 3ᵉ groupe comme *pris* ou *fait*.

> *Il* a égaré *ses clés.* [→ *Il a pris ses clés.*]
>
> *Tu* es rentré *depuis une heure.* [→ *Tu es pris depuis une heure.*]

● Un **verbe à l'infinitif est invariable** alors que le **participe passé peut s'accorder**. Le participe passé en *é* s'écrit **-ée** au féminin singulier, **-és** au masculin pluriel, **-ées** au féminin pluriel (→ séquences 11 p. 46 et 12 p. 50).

> *Les clés qu'elle a* égarées *sont celles du garage.*

Des exercices pour s'entraîner

1 Coche la bonne réponse.

1. Il est allé ☐ aller ☐ allez ☐ chez le médecin.

2. Vous irez cherché ☐ chercher ☐ cherchez ☐ vos médicaments.

3. Avez-vous sollicité ☐ solliciter ☐ sollicitez ☐ une entrevue ?

4. Vous donné ☐ donner ☐ donnez ☐ votre ordonnance au pharmacien.

2 Complète avec -er ou -é.

Théo a décid___ de travers___ la France en voiture pour rejoindre ses amis en Italie. Ils ont lou___ un beau domaine en Toscane qu'ils ont trouv___ sur Internet. Ils ont prévu de pass___ leurs journées à nag___ dans la piscine et à se repos___ au soleil. Théo a choisi un programme un peu différent : il a emport___ de bonnes chaussures de marche pour arpent___ les ruelles de Sienne et rencontr___ la population locale. Il pourra ainsi pratiqu___ l'italien qu'il a commenc___ à apprendre il y a quelques mois.

3 Complète le texte avec les verbes ou participes passés proposés.

acheté • signé • chercher • exigé • veillez • laissé • m'absenter • montré • ranger

1. Léa a _____ son contrôle à ses parents et ils ont _____ la copie.
2. Il faut _____ l'indice qui a été _____ par le suspect.
3. _____ à mon sac s'il vous plaît, je dois _____ un instant.
4. Elle a _____ qu'on lui donne la meilleure table.
5. Alexandre a _____ des intercalaires pour _____ son classeur.

4 Mots fléchés. Trouve la bonne orthographe et complète la grille.

1. Vous (maintenir) vos propos.
2. Elle m'a (agacer) avec ses remarques.
3. Je ne t'ai pas (oublier), Gaspard !
4. (Terminer) rapidement de recopier le cours !
5. Il a été (bouleverser) par l'incident.
6. Personne n'a compris les mots qu'il a (balbutier).
7. Il ne doit pas (menacer) ses camarades.
8. Je lui ai soufflé de se (cacher) sous la table.

COUP DE POUCE Une des formes verbales se termine par **-és**.

La dictée préparée

5 PREMIÈRE LECTURE Lis attentivement le texte de la dictée.

Les exploits du fantôme de Canterville

Le fantôme du manoir de Canterville pense à son glorieux passé.

Tous ses grands exploits lui revenaient à la mémoire.

Il vit défiler le sommelier[1] qui s'était brûlé la cervelle pour avoir vu une main verte tambouriner sur la vitre ; et la belle lady Steelfield, qui était condamnée à porter au cou un collier de velours noir pour cacher la marque de cinq doigts imprimés comme du fer rouge sur sa peau blanche, et qui avait fini par se noyer dans le vivier[2] au bout de l'Allée du Roi.

■ D'après Oscar Wilde, *Le Fantôme de Canterville*, in *Nouvelles fantastiques* © 1928, 1971, 1998, 2001, Éditions Stock pour la traduction française, traduction de Jules Castier.

1. Sommelier : personne, dans une grande demeure, qui a la charge de la nourriture et des vins.
2. Vivier : bassin d'eau douce servant à l'élevage des poissons.

6 FORMES VERBALES EN *EZ/ER/É* Complète avec la terminaison –er, –é ou –ée.

Il vit défil....... le sommelier qui s'était brûl....... la cervelle. La belle lady Steelfield était

condamn....... à port....... au cou un collier de velours noir pour cach....... la marque de cinq

doigts imprimés sur sa peau blanche. Elle avait fini par se noy....... dans le vivier.

7 ACCORD DES ADJECTIFS Complète avec l'adjectif ou le participe passé qui convient.
belle • imprimés • noir • grands • verte

tous ses .... exploits • une main .... • la .... lady Steelfield • un collier de

velours .... • la marque de doigts ....

8 MOTS DIFFICILES Relis la dictée puis recopie sur une feuille ces mots difficiles.
sommelier • tambouriner • vivier

9 DICTÉE Fais la dictée sur une feuille.   Tu peux l'écouter sur @))) www.bescherelle.com

> **AS-TU RÉUSSI ?** Évalue ta dictée en te reportant au corrigé p. XVI.
>
> Coche la case si tu as bien écrit :
> ☐ les formes verbales surlignées en jaune, sinon refais l'exercice 2.
> ☐ les adjectifs ou participes passés surlignés en bleu, sinon reporte-toi
>   à la méthode 10 p. 42.
> ☐ les mots encadrés, sinon recopie-les sur une feuille.

La dictée non préparée

10 DICTÉE **Fais-toi dicter le texte intitulé « Les tentatives du fantôme » (p. XVI).**

Tu peux l'écouter sur @))) www.bescherelle.com

Mots donnés : incurable • lord Canterville • l'honorable Thomas Horton

Les tentatives du fantôme
Le fantôme tente d'effrayer les nouveaux propriétaires du manoir.

....

....

....

....

....

....

....

....

....

....

....

....

....

....

....

▪ D'après Oscar Wilde, *Le Fantôme de Canterville*, in *Nouvelles fantastiques* © 1928, 1971, 1998, 2001, Éditions Stock pour la traduction française, traduction de Jules Castier.

11 RELIS-TOI **Prends garde aux points suivants.**

1. Vérifie que 3 formes verbales se terminent par *-er* et 1 forme verbale par *-é*.

2. As-tu bien accordé 3 adjectifs au féminin singulier et 1 adjectif au masculin pluriel ? N'oublie pas qu'un participe passé peut être employé comme adjectif !

> **AS-TU RÉUSSI ? Évalue ta dictée en te reportant au corrigé p. XVI.**
>
> Coche la case si tu as bien écrit :
> ☐ les formes verbales surlignées en jaune, sinon refais l'exercice 3.
> ☐ les adjectifs ou participes passés surlignés en bleu, sinon reporte-toi
>   à la méthode 10 p. 42.
> ☐ les mots encadrés, sinon recopie-les sur une feuille.

Petit guide pour relire sa dictée

Analyse...	à l'aide de ces règles et conseils
1. la situation de communication	Demande-toi : **qui parle ? à qui ?** Ainsi, si le texte est rédigé à la 1re personne du singulier, beaucoup de verbes seront conjugués à la 1re personne du singulier.
2. le temps et le mode des verbes	• Identifie les **temps dominants** utilisés dans le texte. Ainsi, dans un récit au passé – les actions de premier plan sont rapportées au passé simple ; – les faits de second plan et les descriptions, à l'imparfait. • Prends garde que, dans un contexte passé, une action future est exprimée au **conditionnel présent** (terminaisons *-rais*, *-rait*, *-raient*...).
3. l'accord des verbes	• Le verbe **s'accorde avec le sujet**. Pour trouver le sujet, pose la question : *qui est-ce qui... ?* ou *qu'est-ce qui... ?* suivie du verbe. • Quand le sujet est le **pronom relatif** *qui*, cherche l'antécédent de ce pronom.
4. l'accord des adjectifs	L'adjectif qualificatif **s'accorde** en genre et en nombre **avec le nom** (ou le pronom) **auquel il se rapporte**. Pour trouver ce nom, pose la question : *qui est-ce qui est... ?* ou *qu'est-ce qui est... ?* suivie de l'adjectif.
5. l'accord des participes passés	• Si le participe passé est employé **avec être**, il s'accorde en genre et en nombre avec le sujet. • Si le participe passé est employé **avec** *avoir*, il ne s'accorde jamais avec le sujet, mais il s'accorde avec le COD si celui-ci est placé avant le verbe.
6. les terminaisons verbales en [e]	Pour savoir si un verbe doit se terminer par *-er* (infinitif) ou *-é(es)* (participe passé), remplace-le par un verbe du 3e groupe, comme *prendre*.
7. les homophones grammaticaux	Identifie la **classe grammaticale** du mot (voir le tableau ci-contre).

s'engage pour l'environnement en réduisant l'empreinte carbone de ses livres. Celle de cet exemplaire est de 300 g éq. CO₂
Rendez-vous sur www.hatier-durable.fr

Achevé d'imprimer par l'Imprimerie de Champagne à Langres — France
Dépôt légal : 99171-4/04 — Mai 2015